10 AUTARKE ÜBERLEBENS HACKS

Die Sie Kennen Sollten

Einfache Survival Projekte Ohne Stromversorgung, Großer Wandel, Egal Wo Sie Leben

Dennis Carson

INHALTSVERZEICHNIS

1

KLEINE KERZEN, LAN-GANHALTENDE WÄRME

EINSATZ VON TERRAKOTTATÖPFEN UND
KERZEN ZUR ERSTELLUNG EINES KLEINEN
RAUMHEIZGERÄTS

Kerzenbetriebene Heizkörper bieten eine charmante Möglichkeit, Räumen ein wenig zusätzliche Wärme zu verleihen. Diese Methode mag auf den ersten Blick etwas altmodisch wirken, doch sie wird aus gutem Grund auch heute noch verwendet: Sie ist einfach, effektiv und verströmt einen gewissen rustikalen Charme. Mit nichts weiter als Kerzen und Terrakottatöpfen lässt sich eine kleine, aber feine Wärmequelle schaffen, ideal für Tage, an denen es draußen etwas kühler ist.

Das Konzept ist einfach, doch es hat fast etwas Magisches, wenn man das Anzünden einer Kerze in eine Möglichkeit verwandelt, die Umgebung zu erwärmen. Es handelt sich um ein kostengünstiges und angenehmes Projekt, das nicht nur Wärme spendet, sondern auch für ein gemütliches, einladendes Ambiente in jedem Raum sorgt.

Wie funktioniert es?

Erzeugung von Wärme aus Kerzen

Werfen wir einen kurzen Blick auf die Wissenschaft hinter unserem Kerzenheizkörper. Das Anzünden einer Kerze setzt einen kleinen Verbrennungsprozess in Gang, bei dem das Wachs den Docht hinaufgezogen, verdampft und schließlich verbrennt wird, wodurch Wärme freigesetzt wird. Normalerweise steigt diese Wärme einfach auf und verteilt sich ungehindert, doch mit unserer Anordnung fangen wir sie effektiver ein und nutzen sie.

Die Rolle der Terrakottatöpfe

Terrakottatöpfe dienen nicht nur dekorativen Zwecken; sie sind das Herzstück des Kerzenheizkörpers. Über den Kerzen platziert, absorbieren sie die Wärme, speichern sie und geben sie dann langsam wieder an den Raum ab. Das Ergebnis ist eine gleichmäßigere und breiter verteilte Wärmequelle, die die relativ kleine Flamme einer Kerze in einen Mini-Heizkörper verwandelt.

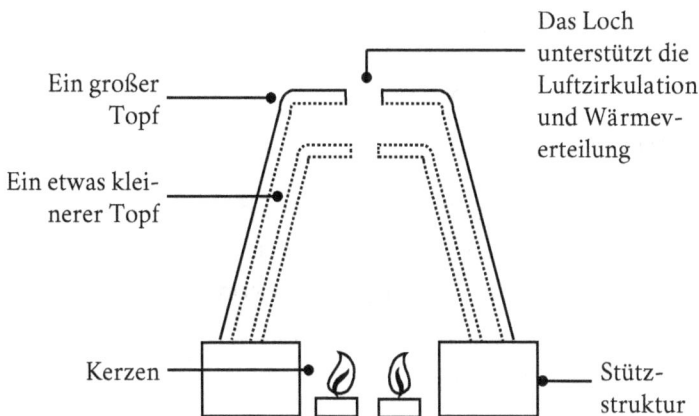

KAPITEL 1

Sicherheitsüberlegungen und Effizienztipps

Der Aufbau und die Nutzung eines kerzenbetriebenen Heizkörpers sind grundsätzlich sicher, doch einige Vorsichtsmaßnahmen sind geboten. Achten Sie stets darauf, ihn im Auge zu behalten, vor allem, wenn Kinder oder Haustiere in der Nähe sind. Stellen Sie ihn auf eine stabile, nicht entflammbare Unterlage und halten Sie brennbare Materialien in sicherem Abstand. Eine gute Belüftung ist essenziell, um die Ansammlung von Dämpfen, einschließlich Kohlenmonoxid, zu verhindern.

Um die Effizienz Ihres Heizkörpers zu maximieren, empfiehlt es sich, hochwertige, langlebige Kerzen zu verwenden und mit der Anzahl sowie der Platzierung der Kerzen und Töpfe zu experimentieren. Bedenken Sie, dass dies kein Ersatz für Ihr Hauptheizsystem ist, aber es bietet eine wunderbare Möglichkeit, zusätzliche Wärme und Atmosphäre in Ihr Heim zu bringen.

Materialien und Werkzeuge

Bevor Sie mit dem Bau Ihres gemütlichen, kerzenbetriebenen Heizgeräts beginnen, sprechen wir darüber, was Sie benötigen. Die Schönheit dieses Projekts liegt in seiner Einfachheit und der Tatsache, dass Sie einige der Gegenstände bereits zu Hause haben könnten.

Liste der Materialien

Kerzen: Das Herzstück Ihres Heizgeräts. Besorgen Sie sich einige robuste, langlebige Kerzen. Teelichter sind wegen ihrer Größe und Brenndauer beliebt, aber jede Art von Kerze erfüllt ihren Zweck. Bedenken Sie: Je mehr Kerzen Sie verwenden, desto mehr Wärme wird erzeugt.

Terrakotta-Töpfe: Diese fungieren als Ihre Wärmeverteiler.

Sie benötigen einen großen und einen etwas kleineren Terrakotta-Topf, der in den größeren passt. Das Loch am Boden ist entscheidend, da es die Luftzirkulation unterstützt und die Wärme verteilt.

Basis: Eine stabile, hitzebeständige Oberfläche für Ihre Kerzen. Das kann ein Metalltablett oder ein Keramikteller sein, platziert an einem sicheren Ort fern von brennbaren Materialien.

Materialien für die Stützstruktur: Um eine stabile, erhöhte Struktur um die Kerzen herum zu bauen, können Sie Ziegelsteine oder hitzebeständiges Metallmaterial verwenden. Die Struktur muss stabil genug sein, um das Gewicht der Terrakotta-Töpfe zu tragen

Werkzeuge zum Zusammenbauen Ihres Heizgeräts

Feuerzeug oder Streichhölzer: Zum Anzünden der Kerzen.

Hitzefeste Handschuhe: Zum Schutz Ihrer Hände, wenn Sie die erhitzten Töpfe handhaben.

Optional - Farbe: Um die Töpfe an Ihre Einrichtung anzupassen, können Sie sie bemalen. Verwenden Sie hitzebeständige Farbe!

Wo Sie diese Materialien finden

Kerzen und Terrakotta-Töpfe finden Sie in Haushaltswarengeschäften, Gartencentern oder Bastelläden. Für Sparfüchse oder um nachhaltiger zu handeln, können lokale Gebrauchtwarenläden oder Online-Marktplätze eine gute Quelle sein.

Materialien für die Stützstruktur könnten sich bereits in Ihrem Haus befinden, wie z.B. Ziegelsteine oder ungenutztes Küchenzubehör. Achten Sie darauf, dass alles hitzebeständig, nicht brennbar und stabil ist.

Sobald Sie alle Materialien und Werkzeuge beisammen haben, können Sie mit dem Bau Ihres Heizgeräts beginnen. Dieses Projekt sollte Spaß machen und unkompliziert sein; es geht nicht darum, alles perfekt zu machen. Nutzen Sie, was Sie haben, seien Sie kreativ und vor allem: Bleiben Sie sicher, während Sie Ihre neue Wärmequelle zusammenbauen und nutzen.

Schritt-für-Schritt-Anleitung zum Bau Ihres Heizgeräts

Jetzt, da Sie alle Materialien bereitgestellt haben, ist es Zeit, die Ärmel hochzukrempeln und diesen praktischen kleinen Heizer zu bauen. Folgen Sie diesen Schritten, um Ihr kerzenbetriebenes Heizgerät sicher zusammenzubauen und die Wärme zu genießen.

Schritt 1: Kerzen vorbereiten

Kerzenanordnung: Positionieren Sie Ihre Kerzen auf der Basis. Bei der Verwendung von Teelichtern können Sie diese nahe beieinander platzieren, um eine konzentrierte Wärmequelle zu schaffen. Größere Kerzen sollten stabil und aufrecht stehen.

Stützstruktur aufbauen: Errichten Sie eine Stützstruktur aus Ziegeln, Metallständern oder einem anderen stabilen, nicht brennbaren Material um die Kerzen herum. Diese Struktur muss höher als die Kerzen sein und das Gewicht der Terrakotta-Töpfe tragen können.

Anzünden: Nachdem Sie die Kerzen positioniert und die Stützstruktur aufgebaut haben, zünden Sie die Kerzen an. Achten Sie darauf, dass alle Kerzen gleichmäßig brennen, bevor Sie fortfahren.

Schritt 2: Terrakotta-Töpfe positionieren

Kleineren Topf platzieren: Setzen Sie den kleineren Terrakotta-Topf umgedreht über die Stützstruktur, sodass er über den Kerzen schwebt. Stellen Sie sicher, dass er zentriert ist und das Loch oben frei bleibt, um den Luftstrom zu ermöglichen.

Größeren Topf hinzufügen: Positionieren Sie anschließend den größeren Topf über dem kleineren, ebenfalls umgedreht, sodass das Loch oben frei bleibt. Der kleinere Topf sollte genau im größeren sitzen, um eine effektive Wärmekammer zu bilden. Beide Töpfe müssen stabil stehen.

Optionale Münzabdeckung: Manche legen eine Münze auf das Loch im inneren Topf, um die Wärme zu speichern. Dies ist optional und sollte so durchgeführt werden, dass der Luftstrom nicht wesentlich behindert wird.

Schritt 3: Optimale Wärme aufrechterhalten

Zeit geben: Ihr Heizgerät benötigt einige Minuten, um seine volle Leistung zu entfalten. Warten Sie, bis sich die Töpfe erwärmen.

Wärmeverteilung: Positionieren Sie den Heizer an einem Ort im Raum, wo Sie die Wärme am meisten benötigen. Dieses Gerät ist ideal, um persönlichen Raum oder einen kleinen Bereich zu erwärmen.

Anpassungen: Je nach Wärmeabgabe können Sie die Anzahl der Kerzen oder ihre Anordnung variieren. Experimentieren Sie, um die beste Lösung für Ihren Raum zu finden.

Schritt 4: Sicherheitsüberprüfungen und Vorsichtsmaßnahmen

Niemals unbeaufsichtigt lassen: Es ist essenziell, den Kerzenheizer nicht unbeaufsichtigt zu lassen. Löschen Sie die Kerzen immer, bevor Sie den Raum verlassen oder zu Bett gehen.

Oberflächenkontrolle: Überprüfen Sie regelmäßig, ob die Basis unter dem Heizer nicht überhitzt. Bei Bedarf sollten Sie Ihre Basis verbessern, um die Isolation zu erhöhen.

Belüftung: Sorgen Sie für gute Belüftung im Raum. Auch wenn Kerzen nur wenig Kohlenmonoxid erzeugen, verbrauchen sie Sauerstoff und produzieren Gase. Ein wenig frische Luft verbessert die Sicherheit.

Löschen: Beenden Sie die Nutzung des Heizers oder wenn eine Kerze heruntergebrannt ist, löschen Sie die restlichen Kerzen vorsichtig. Lassen Sie die Töpfe vollständig abkühlen, bevor Sie sie berühren, da sie Wärme lange speichern können.

Effizienz und Nutzung maximieren

Um das Beste aus Ihrem Kerzenheizer herauszuholen, bedenken Sie sowohl den Standort als auch die Nutzungsdauer. Positionieren Sie ihn in einem kleineren Raum oder in unmittelbarer Nähe des Bereichs, in dem Sie sich aufhalten, um seine Wärmewirkung zu maximieren. Nutzen Sie ihn für kürzere Zeiträume, um eine gemütliche Atmosphäre zu schaffen, und vergessen Sie nicht, dass er hervorragend für zusätzliche Wärme geeignet ist, jedoch nicht als primäre Wärmequelle dienen sollte.

Langbrennende Kerzen sind in diesem Zusammenhang besonders wertvoll. Entscheiden Sie sich für Kerzen mit längerer Brenndauer, um die Heizperioden zu verlängern, ohne dass Sie ständig neue benötigen. Eine kluge Anordnung der Kerzen, die sicherstellt, dass jede ausreichend Sauerstoff erhält und effizient brennt, kann ebenfalls einen bedeutenden Unterschied machen.

Um eine gleichmäßige Wärmeverteilung zu gewährleisten, achten Sie darauf, dass die Töpfe zentral positioniert sind und die Luft gut um sie herum zirkulieren kann. Ein gelegentliches Drehen des Heizers kann dabei helfen, die Wärme im Raum gleichmäßiger zu verteilen.

Kreative Variationen und Dekor

Ihr kerzenbetriebener Heizer muss nicht nur funktional sein; er kann auch ein dekoratives Element sein! Seien Sie kreativ und bemalen Sie die Terrakotta-Töpfe mit hitzebeständiger Farbe oder fügen Sie Designs hinzu, die Ihren persönlichen Stil unterstreichen. Achten Sie dabei stets darauf, dass alle verwendeten Materialien hitzebeständig sind.

Die Integration Ihres Heizers in die Wohnkultur kann ihn zu einem interessanten Gesprächsanlass machen. Stellen Sie ihn auf einen dekorativen Unterstand oder arrangieren Sie ihn mit nicht brennbaren Dekorationselementen, um ihn nahtlos in Ihren Wohnraum zu integrieren und dabei sowohl Wärme als auch Stil zu vermitteln.

Mit diesen Tipps sollten Sie nun einen charmanten und funktionalen kerzenbetriebenen Heizer besitzen, der Ihrem Raum zusätzliche Wärme verleiht. Genießen Sie die behagliche Atmosphäre und vergessen Sie nicht, die Sicherheit bei all Ihren Vorhaben ohne Stromversorgung zu priorisieren.

2

TAGESLICHT EINFANGEN MIT FLASCHEN

VERWANDELN SIE FLASCHEN IN LICHTQUELLEN,
INDEM SIE SONNENLICHT IN DUNKLE RÄUME
LEITEN

In diesem Kapitel erkunden wir eine einfache, doch geniale Methode, die dort, wo Elektrizität kein alltäglicher Luxus ist, das Leben erleuchtet. Stellen Sie sich vor, alltägliche Plastikflaschen werden zu Lichtquellen transformiert, die hell genug sind, um mit einer 40-60 Watt Glühbirne zu konkurrieren – ein Wendepunkt für viele, der auch für Sie ein erleuchtendes Experiment sein könnte.

Diese Technik ist so unkompliziert wie genial. Menschen in unterversorgten Gemeinden bringen mit nichts weiter als einer klaren Plastikflasche, Wasser und ein wenig Bleichmittel Sonnenlicht in ihre Häuser. Sie verwandeln düster beleuchtete Räume in Orte, die von sanftem Ambiente-Licht erfüllt sind.

Wir untersuchen, wie diese Methode funktioniert, warum sie so effektiv ist und wie Sie Ihr eigenes Flaschenlicht herstellen können. Egal, ob Sie Ihren CO_2-Fußabdruck verringern, ein spannendes Projekt starten oder einfach mehr über nachhaltige Lebensweisen weltweit erfahren möchten, hier finden Sie wertvolle Anregungen. Beginnen wir also unsere erleuchtende Reise.

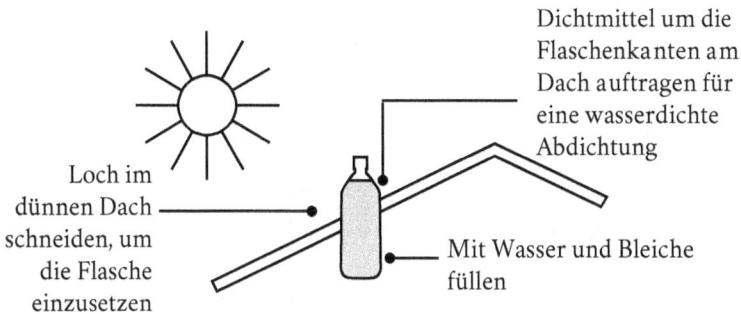

Dichtmittel um die Flaschenkanten am Dach auftragen für eine wasserdichte Abdichtung

Loch im dünnen Dach schneiden, um die Flasche einzusetzen

Mit Wasser und Bleiche füllen

Wie funktioniert es?

Wie Sonnenlicht durch die Flasche gestreut wird

Das Prinzip, eine Flasche in eine Lichtquelle zu verwandeln, ist denkbar einfach. Man nimmt eine klare Plastikflasche, füllt sie mit Wasser und gibt eine kleine Menge Bleichmittel hinzu. Dann wird die Flasche in ein Loch im Dach eingelassen, sodass ein Teil außen in der Sonne und der andere Teil innen in einem dunklen Raum liegt.

Trifft Sonnenlicht auf die Flasche, wird es gebogen – ein Phänomen, das als "Brechung" bekannt ist. Es ist derselbe Effekt, der einen Strohhalm in einem Glas Wasser gebrochen erscheinen lässt. Durch die Brechung verbreitet sich das Sonnenlicht in alle Richtungen des Raumes, ähnlich einer Glühbirne, und erhellt so die Umgebung.

Das Bleichmittel im Wasser dient dazu, es sauber und klar zu halten, sodass keine Algen oder andere Partikel das Licht trüben können. Klares Wasser ist essentiell, um das Licht so hell wie möglich zu machen.

Wie das Flaschenlicht eingerichtet wird

Die Einrichtung eines Flaschenlichts ist überraschend einfach. Hier ein kurzer Überblick:

1. Klare Plastikflasche: Eine Standardflasche von 1-1,5 Litern, typischerweise für Softdrinks verwendet, ist ideal. Die Flasche muss klar sein, um so viel Licht wie möglich durchzulassen.

2. Wasser: Das Wasser füllt die Flasche und dient als Medium, durch das Sonnenlicht gebrochen und gestreut wird.

3. Bleichmittel: Eine kleine Menge wird dem Wasser hinzugefügt, um es klar zu halten, indem verhindert wird, dass Algen in der Flasche wachsen.

4. Sicheres Dach: Das Dach muss geeignet sein, um ein Loch für die Flasche zu schneiden. Es sollte dünn genug zum Arbeiten sein, aber stabil genug, um die Flasche ohne Einsturz zu stützen.

Mit diesen leicht verfügbaren Materialien können Menschen in Gebieten mit begrenzten Ressourcen eine Tageslichtquelle für ihre Räume schaffen. Es ist eine nachhaltige, kostengünstige Lösung, die leicht herzustellen ist. Und das Beste ist, dass sie die Sonne nutzt, eine endlose Energiequelle, die tagsüber verfügbar ist.

Was funktioniert und was nicht

Hier werden wir die Schlüsselfaktoren untersuchen, die diese Methode zum Leuchten bringen, und die Einschränkungen, über die Sie sich im Klaren sein sollten. Es geht darum zu wissen, was zu erwarten ist und wie man das Beste daraus macht.

Schlüsselfaktoren für das Funktionieren

Es gibt zwei entscheidende Faktoren, damit Flaschenlichter funktionieren: die Intensität des Sonnenlichts und die Dunkelheit des Raumes. Die Menge des Lichts, die Ihre Flasche ausstrahlt, ist proportional zur Intensität des eingefangenen Sonnenlichts. Je heller und direkter das Sonnenlicht, desto effektiver wird Ihr Flaschenlicht sein. Deshalb sind Flaschenlichter in Gegenden nahe des Äquators oder mit langen, sonnigen Tagen ein Hit.

Genauso wichtig ist die Dunkelheit des Raumes. Der Kontrast, der durch einen sehr dunklen Raum erzeugt wird, verstärkt die Wirkung des gestreuten Lichts und lässt den Raum viel heller wirken. Die besten Kandidaten für Flaschenlichter sind also jene düster beleuchteten Ecken oder fensterlosen Räume.

Einschränkungen

Abhängigkeit von Reichlich Sonnenlicht: Die größte Einschränkung ist vielleicht die offensichtlichste — Sie brauchen Sonnenschein, und zwar reichlich. An bewölkten Tagen, während starker Regenfälle oder in den langen Wintermonaten nimmt die Wirksamkeit des Flaschenlichts natürlich ab. Diese Abhängigkeit vom sonnigen Wetter bedeutet, dass Flaschenlichter eher für bestimmte Klimazonen geeignet sind als für andere.

Installationsanforderungen: Um Ihr Flaschenlicht zu installieren, müssen Sie ein Loch in das Dach oder die Wände schneiden. Das ist nicht für jeden machbar. Es erfordert ein wenig Heimwerker-Know-how, und Sie möchten sicherstellen, dass es sicher und fest erfolgt, um Lecks oder Schäden zu vermeiden.

Nur Tagsüber: Flaschenlichter sind tagsüber fantastisch, aber mit dem Sonnenuntergang verliert sich auch ihre Magie. Sie speichern oder emittieren kein Licht nach Einbruch der Dunkelheit, daher benötigen Sie eine alternative Lichtquelle für die Nacht. Das macht sie zu einer großartigen Ergänzung zur traditionellen Beleuchtung, aber nicht zu einem vollständigen Ersatz.

Wartung Erforderlich: Um Ihr Flaschenlicht in Bestform zu halten, ist regelmäßige Wartung entscheidend. Dazu gehört die Reinigung der Außenseite, um Staub oder Schmutz zu entfernen, und sicherzustellen, dass das Wasser innen klar bleibt. Wenn das Wasser trüb wird oder das Bleichmittel seine Wirksamkeit verliert, ist es Zeit für eine Auffrischung. Vernachlässigte Wartung kann die Wirksamkeit des Flaschenlichts stark verringern.

Haltbarkeit der Flaschen: Es ist wichtig, die Haltbarkeit von Flaschenlichtern zu berücksichtigen. Plastikflaschen, besonders wenn sie ständigem Sonnenlicht ausgesetzt sind, sind nicht das haltbarste Material. Mit der Zeit können sie sich zersetzen, brüchig werden oder sich verformen, was zu Brüchen führen kann. In extremen Wetterbedingungen könnten sie nicht gut halten, was zu einem Bedarf an Ersatz oder Reparaturen führen könnte.

Zusammenfassend sind Flaschenlichter zwar eine clevere und nachhaltige Möglichkeit, dunkle Räume aufzuhellen, sie bringen jedoch ihre eigenen Überlegungen mit sich. Indem Sie diese Schlüsselfaktoren und Einschränkungen verstehen, können Sie sich besser vorbereiten und entscheiden, ob dies die richtige Lösung für Sie ist.

Materialien und Werkzeuge

Bevor Sie beginnen, stellen Sie sicher, dass Sie alle notwendigen Materialien und Werkzeuge haben:

Plastikflaschen (1-1,5 Liter): Wählen Sie klare und farblose für die besten Ergebnisse. PET-Sodaflaschen sind die besten Optionen.

Wasser (1-1,5 Liter): Normales Leitungswasser reicht aus. Es wird verwendet, um die Flaschen zu füllen.

Bleichmittel: Ein Spritzer (2 TL) haushaltsübliches flüssiges Chlorbleichmittel im Wasser hält alles klar.

Silikon-Dichtungsmittel: Verwenden Sie dies, um beim Einbau der Flasche eine wasserdichte Abdichtung zu gewährleisten.

Werkzeuge: Ein Cutter oder eine Säge, um das Loch für Ihre Flasche zu machen, sowie Handschuhe und Schutzbrille für die Sicherheit. Sie benötigen auch ein Maßband, um sicherzustellen, dass alles richtig ausgerichtet ist.

Schritt-für-Schritt-Anleitung

Schritt 1: Vorbereitung der Flasche mit Wasser und Bleichmittel

Reinigen Sie die Flasche gründlich, stellen Sie sicher, dass sie frei von Etiketten, Schmutz und Rückständen ist. Je klarer die Flasche, desto besser die Lichtstreuung.

Füllen Sie die Flasche mit 1-1,5 Liter sauberem Wasser.

Geben Sie 2 TL flüssiges Bleichmittel zum Wasser hinzu. Dies verhindert das Wachstum von Algen und hält das Wasser länger klar.

Schließen Sie die Flasche fest mit ihrem Deckel, um ein Auslaufen zu vermeiden.

Schritt 2: Loch im Dach schneiden und auf die richtige Größe achten

Bestimmen Sie den Ort auf dem Dach, an dem das Flaschenlicht am effektivsten sein wird. Es sollte ein dunkler Bereich während des Tages sein, der direktes Sonnenlicht empfängt.

Verwenden Sie ein Maßband, um den Durchmesser der Flasche auf dem Dach zu markieren. Das Loch sollte etwas kleiner (ca. 1,5 mm) als der Durchmesser der Flasche sein, um einen festen Sitz zu gewährleisten.

Schneiden Sie das Loch mit den Werkzeugen. Gehen Sie vorsichtig vor und tragen Sie Handschuhe und Schutzbrille zum Schutz.

Reinigen Sie das Loch, um sicherzustellen, dass keine scharfen oder rauen Kanten vorhanden sind.

Schritt 3: Einsetzen und Sichern der Flasche

Führen Sie die Flasche in das Loch ein. Mindestens ein Drittel der Flasche sollte aus dem Dach herausragen.

Stellen Sie sicher, dass die Flasche fest im Loch sitzt. Falls nötig, justieren Sie, bis Sie einen festen Sitz erreichen.

Sobald sie an Ort und Stelle ist, verwenden Sie ein wasserdichtes Dichtungsmittel um die Ränder der Flasche, wo sie auf das Dach trifft. Dies verhindert Wassereinbrüche während des Regens und stellt sicher, dass die Flasche sicher bleibt.

Denken Sie daran, immer Sicherheit zu priorisieren, wenn Sie in der Höhe arbeiten oder mit Werkzeugen hantieren.

Effizienz und Lichtausbeute maximieren

Damit das Flaschenlicht effektiv funktioniert, ist es entscheidend, seine Platzierung zu optimieren. Hier sind einige Tipps, um die Lichtausbeute zu maximieren.

Beste Platzierung für die Flaschen

Direktes Sonnenlicht: Platzieren Sie die Flasche an einem Ort, der den größten Teil des Tages direktes Sonnenlicht erhält. Je mehr Sonnenlicht die Flasche empfängt, desto heller wird das Licht sein. Nord- oder Südausrichtungen könnten je nach Ihrer Hemisphäre am besten funktionieren.

Dunkle Bereiche: Richten Sie die Installation auf die dunkelsten Bereiche des Raums aus. Der Kontrast zwischen dem hellen Licht der Flasche und der dunklen Umgebung macht das Flaschenlicht effektiver.

Gleichmäßige Verteilung: Wenn Sie mehrere Flaschenlichter installieren, platzieren Sie sie gleichmäßig, um eine gleichmäßige Lichtverteilung im gesamten Raum zu gewährleisten.

Höhenberücksichtigung: Installieren Sie die Flasche am höchsten Punkt des Raums, um das Licht nach unten zu streuen und einen größeren Bereich abzudecken.

Die Effizienz des Lichts über die Zeit aufrechterhalten

Regelmäßige Reinigung: Halten Sie den äußeren Teil der Flasche frei von Staub und Schmutz. Eine verschmutzte Flasche kann die Lichtintensität stark mindern. Reinigen Sie sie regelmäßig mit Wasser und einem sanften Reinigungsmittel.

Wasser- und Bleichmittelwechsel: Mit der Zeit kann das Wasser in der Flasche trüb werden oder das Bleichmittel seine Wirksamkeit verlieren. Erneuern Sie die Wasser-Bleichmittel-Mischung bei Bedarf, um sicherzustellen, dass das Licht klar und hell bleibt.

Überprüfung auf Algen: Selbst mit Bleichmittel können sich Algen oder andere Organismen bilden, besonders in wärmeren Klimazonen. Überprüfen Sie die Flasche regelmäßig auf Anzeichen von Wachstum und ersetzen Sie die Lösung bei Bedarf.

Dichtungsmittel-Überprüfung: Überprüfen Sie regelmäßig das Dichtungsmittel um die Flasche herum auf Risse oder Abnutzungszeichen. Eine gut abgedichtete Flasche verhindert Lecks und stellt sicher, dass während der Regenzeit kein Wasser ins Haus gelangt.

Vermeiden von Beschattung: Stellen Sie sicher, dass neue Konstruktionen, Bäume oder Installationen um das Haus herum die Flasche im Laufe der Zeit nicht beschatten. Die Flasche sollte frei von jeglichem Schatten sein, um effektiv zu sein.

Die Bewegung dahinter

Nehmen wir uns einen Moment Zeit, um unseren Hut vor dem Mann zu ziehen, der alles ins Rollen brachte: Alfredo Moser. Im Jahr 2002, während einer der häufigen Stromausfälle in seiner brasilianischen Heimatstadt, hatte Moser einen Geistesblitz - wortwörtlich. Er füllte Plastikflaschen mit Wasser und Bleichmittel und benutzte sie, um seine Werkstatt zu beleuchten. Einfach, aber genial! Seine Idee verbreitete sich wie ein Lauffeuer, und bald beleuchteten Menschen überall ihre Häuser mit seiner Methode.

Schneller Vorlauf zum Liter of Light-Bewegung, angestoßen von Illac Diaz. Diese Initiative brachte Mosers Idee weltweit in unterprivilegierte Gemeinden und ging um Empowerment,

Menschen beizubringen, einfache Materialien zu verwenden, um ihr Leben zu erhellen. Die Bewegung hat Hunderttausende von Häusern erleuchtet, und mehr dazu finden Sie auf ihrer Webseite literoflight.org.

Die Bewegung hörte nicht bei der Tagesbeleuchtung auf. Sie entwickelten Versionen, die auch nachts funktionieren, unter Verwendung von kleinen Solarpaneelen und Batterien, um Energie tagsüber zu speichern und das Licht auch nach Sonnenuntergang scheinen zu lassen.

3

DER NATÜRLICHE KÜHLSCHRANK DER ÄGYPTER

NUTZEN SIE EINEN ZEER-TOPF (POT-IN-POT-KÜHLSCHRANK) UM DINGE OHNE ELEKTRIZITÄT KÜHL ZU HALTEN

Der Zeer-Topf, eine alte Methode für die moderne Zeit wiederbelebt, bietet eine Möglichkeit, Dinge ohne Elektrizität kühl zu halten. Das Konzept geht zurück auf die alten Ägypter, die poröse Tongefäße zur Kühlung nutzten. Dann, in den 1990er Jahren, modernisierte Mohammed Bah Abba, ein Lehrer aus Nigeria, diese antike Technik und schuf den Zeer-Topf, wie wir ihn heute für die Lebensmittelkonservierung kennen. Wenn Sie also bereit sind, eine grünere Lebensweise zu umarmen, ist der Zeer-Topf Ihr Verbündeter auf der Suche nach natürlicher Kühlung.

Wie funktioniert es?

Der Zeer-Topf besteht aus zwei Terrakotta-Töpfen, wobei der eine kleiner als der andere ist. Der kleinere Topf sitzt im größeren, und der Raum dazwischen ist mit feuchtem Sand gefüllt. Die Oberseite wird mit einem feuchten Tuch abgedeckt.

Der Zeer-Topf funktioniert nach dem Prinzip der Verdunstungskühlung. Wenn das Wasser im Sand verdunstet, entzieht es dem inneren Topf Wärme, wodurch die Temperatur im Inneren sinkt. Dies kann den Inhalt mehrere Grad kühler halten als die Umgebungstemperatur, ideal für die Lagerung von verderblichen Lebensmitteln wie Obst, Gemüse und sogar einigen Milchprodukten.

Der Zeer-Topf ist jedoch keine Lösung für alle Fälle. Seine Wirksamkeit hängt vom Klima ab - er funktioniert am besten in trockenen, ariden Bedingungen, wo die Verdunstung schneller geschieht. Und obwohl er Ihren elektrischen Kühlschrank nicht für alle Bedürfnisse ersetzen wird, bietet er eine nachhaltige Lösung zur Reduzierung der Abhängigkeit von Energie.

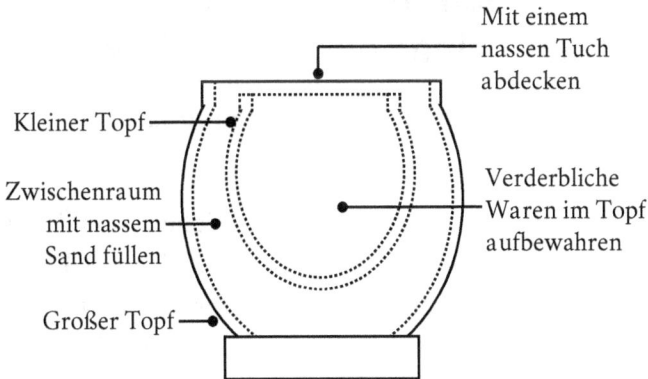

Mit einem nassen Tuch abdecken

Kleiner Topf

Zwischenraum mit nassem Sand füllen

Verderbliche Waren im Topf aufbewahren

Großer Topf

Bauen Sie Ihren eigenen Kühlschrank

Materialien, die benötigt werden und wo man sie

25

findet

Die Schönheit des Zeer-Topfs liegt in seiner Einfachheit. Hier sind die Materialien, die für das Projekt benötigt werden:

Terrakotta-Töpfe: Sie benötigen zwei Terrakotta-Töpfe, einen kleineren als den anderen, so dass er mit etwas Platz darin passt. Suchen Sie danach in Gartencentern oder Baumärkten. Achten Sie darauf, dass einer etwas größer als der andere ist.

Sand: Feiner, sauberer Sand funktioniert am besten. Sie finden ihn vielleicht in einem Baumarkt oder Bastelladen.

Tuch oder Jute: Sie benötigen auch ein Stück Stoff oder Jute, groß genug, um die Oberseite abzudecken. Alte T-Shirts, Handtücher oder jeder Stoff, der Feuchtigkeit speichert, tun es. Jute wird oft wegen seiner Haltbarkeit und Luftdurchlässigkeit verwendet.

Wasser: Einfach nur sauberes Wasser.

Schritt-für-Schritt-Anleitung zur Herstellung eines einfachen Zeer-Topfes

So können Sie den Zeer-Topf mit einigen einfachen Materialien erstellen:

1. Vorbereitung der Töpfe: Stellen Sie sicher, dass die Innenseite Ihrer Töpfe sauber und trocken ist. Wenn es Löcher im Boden der Töpfe gibt, verschließen Sie diese mit etwas Ton oder Silikondichtungsmittel. Sie möchten sicherstellen, dass das Wasser im Sand bleibt und nicht durch den Boden sickert.

2. Platzieren Sie den kleineren Topf in den größeren: Setzen Sie nun den kleineren Topf in den größeren ein. Der Raum zwischen ihnen ist der Ort, an dem die Magie passiert.

3. Füllen Sie den Zwischenraum mit Sand: Gießen Sie sauberen, feinen Sand in den Zwischenraum zwischen den Töpfen, bis er etwa einen Zoll von der Oberkante entfernt ist. Der Sand wirkt wie ein Docht, zieht Wasser nach oben und ermöglicht es zu verdunsten, wodurch der innere Topf gekühlt wird.

4. Befeuchten Sie den Sand: Fügen Sie langsam Wasser zum Sand hinzu, bis er sichtbar nass ist, aber nicht wassergesättigt. Sie möchten, dass der Sand rundum feucht ist, denn diese Feuchtigkeit wird verdunsten und für die Kühlung sorgen.

5. Abdecken der Oberseite: Verwenden Sie ein feuchtes Tuch oder ein Stück Jute, um die Oberseite des inneren Topfes abzudecken. Dies hilft, die Feuchtigkeit im Inneren zu halten und maximiert den Kühleffekt.

6. An einem trockenen, luftigen Ort platzieren: Suchen Sie einen Ort mit guter Luftzirkulation und etwas Schatten für Ihren Zeer-Topf. Luftbewegung verstärkt den Verdunstungsprozess, und das Fernhalten von direktem Sonnenlicht verhindert, dass das Wasser zu schnell erwärmt wird.

Effizienz maximieren

Platzierung

Der Standort Ihres Zeer-Topfes kann seine Leistung erheblich beeinflussen. Für maximale Kühlung platzieren Sie ihn in einem trockenen, gut belüfteten Bereich. Luftbewegung ist entscheidend, da sie die Verdunstung beschleunigt. Überlegen Sie sich daher Orte, an denen natürliche Brisen wehen oder wo die Luft gut zirkuliert. Vermeiden Sie direktes Sonnenlicht, da es den Topf erwärmen und den Kühleffekt aufheben kann. In einem feuchten Klima kann der Zeer-Topf weniger effektiv sein, da die

Luft nicht so viel Feuchtigkeit aufnehmen kann, was den Verdunstungsprozess verlangsamt.

Vorkühlung und Geduld

Für die besten Ergebnisse sollten Sie keine heißen Gegenstände direkt in den Zeer-Topf legen. Lassen Sie sie zuerst auf Raumtemperatur abkühlen. Außerdem ist Geduld gefragt, wenn Sie einen Zeer-Topf verwenden. Im Gegensatz zur schnellen Kühlwirkung eines modernen Kühlschranks kühlt der Zeer-Topf den Inhalt allmählich. Der Prozess beruht auf der stetigen Verdunstung von Wasser, wodurch die Temperatur im Inneren gesenkt wird.

So warten und reinigen Sie Ihren Zeer-Topf

Wartung ist der Schlüssel zur Langlebigkeit Ihres Zeer-Topfes. Füllen Sie regelmäßig das Wasser nach, um den Sand feucht zu halten. Überwachen Sie den inneren Topf auf Anzeichen von Schimmel oder Algen und reinigen Sie beide Töpfe mit einer Bürste und milder Seife, wenn Sie Wachstum bemerken. Lassen Sie diese Töpfe vor dem Wiederzusammenbau vollständig in der Sonne trocknen. Erneuern Sie den Sand regelmäßig, da er mit der Zeit verdichtet oder schmutzig werden kann, was seine Saugfähigkeit beeinträchtigen kann.

Häufige Probleme und Lösungen

Ein Problem könnte unzureichende Kühlung sein. Stellen Sie in diesem Fall sicher, dass der Topf optimal platziert ist und dass Sand und Tuch angemessen feucht sind. Wenn die Luft zu feucht ist, verlangsamt sich der Verdunstungsprozess und verringert den Kühleffekt. In diesem Fall kann das Finden eines trockeneren Bereichs oder die Erhöhung der Luftzirkulation helfen. Risse oder Schäden an den Töpfen können auch die Leistung beeinträchtigen. Gehen Sie daher sorgsam mit ihnen um und überprüfen Sie sie regelmäßig auf Anzeichen von Verschleiß.

Kreative Verwendungen

Verschiedene Möglichkeiten, den Zeer-Topf über die Kühlung von Lebensmitteln hinaus zu nutzen

Der Zeer-Topf kann nicht nur dazu dienen, Ihr Gemüse knackig und Milchprodukte frisch zu halten, sondern hat auch andere Verwendungsmöglichkeiten. Sie können ihn nutzen, um Trinkwasser zu kühlen oder sogar als provisorischen Keller zum Lagern von Samen oder Nüssen. Einige haben kleinere Versionen verwendet, um Medikamente in Gebieten ohne Strom kühl zu halten. Der Kühleffekt des Zeer-Topfes kann auch ein angenehmeres Mikroklima schaffen, daher kann das Platzieren in der Nähe Ihres Sitzbereichs helfen, Sie an heißen Tagen abzukühlen.

Varianten des Designs für verschiedene Klimazonen und Bedürfnisse

Während der traditionelle Zeer-Topf am besten in trockenen, ariden Klimazonen funktioniert, wurden Varianten für feuchtere Umgebungen angepasst. Manche Menschen fügen einen dritten Topf hinzu oder verwenden isolierende Materialien, um den Kühleffekt zu verstärken. Andere haben mit verschiedenen Arten von Sand experimentiert oder sogar alternative Materialien wie Reishülsen verwendet. Innovatoren haben auch kleine Ventilatoren angebracht, um die Luftzirkulation um den Topf zu erhöhen und so den Kühleffekt weiter zu verstärken. Diese Variationen zeigen die Vielseitigkeit des Zeer-Topfes und machen ihn zu einem anpassbaren Werkzeug für nachhaltiges Leben weltweit.

Erfolgsgeschichten aus der Praxis

In Nigeria revolutionierte eine Unternehmerin die Lebensmittellagerung ihres Dorfes mit dem Zeer-Topf, wodurch die Verderblichkeit stark reduziert und die Nahrungsversorgung ihrer Gemeinde aufrechterhalten wurde. In ariden Regionen berichteten Familien, dass Gemüse und Obst Wochen länger halten, was ihre Ernährung verändert und Abfall reduziert hat. Der Zeer-Topf ist nicht nur ein Werkzeug, sondern eine lebensverbessernde Lösung, die Ernährungssicherheit bietet und Unabhängigkeit in den am stärksten von fehlender Kühlung betroffenen Gebieten fördert.

Einschränkungen

Obwohl Zeer-Töpfe vorteilhaft sind, haben sie auch Einschränkungen. Die Größe kann auch die Menge der gelagerten Lebensmittel begrenzen, und sie erfordern tägliche Wartung, um optimale Leistung zu gewährleisten. Zudem erreichen sie zwar deutlich niedrigere Temperaturen als die Umgebung, aber nicht die niedrigen Temperaturen eines modernen Kühlschranks, die für einige verderbliche Lebensmittel notwendig sein könnten. Das Verständnis und die Anpassung an diese Einschränkungen sind entscheidend für jeden, der Zeer-Töpfe effektiv in seinen Lebensstil integrieren möchte.

4

STARKE REINIGER, MINI-MALER KOSTEN

STELLEN SIE REINIGUNGSMITTEL AUS ESSIG, BACKPULVER UND ZITRONE HER

Haben Sie schon einmal auf die Inhaltsstoffliste einer Reinigungsflasche geschaut und das Gefühl gehabt, einen Chemieabschluss zu benötigen, um sie zu verstehen? Willkommen in der Welt der natürlichen Reinigungsprodukte, wo Essig, Backpulver und Zitrone die Hauptrolle spielen. Diese sind nicht nur Grundnahrungsmittel in Ihrer Küche; sie sind auch Ihre Verbündeten, um Ihr Zuhause makellos und frisch zu halten.

Essig, mit seiner natürlichen Säure, ist ein Ass im Ärmel, wenn es darum geht, Fett aufzulösen und schlechte Gerüche zu vertreiben. Backpulver ist ein sanftes Scheuermittel, das perfekt ist, um hartnäckige Flecken zu schrubben und Gerüche zu neutralisieren. Und Zitronen sind nicht nur für Limonade da. Ihre Zitronensäure und ihr frischer Duft machen sie zu starken Fleckenentfernern und natürlichen Erfrischern. Zusammen bilden sie ein Reinigungsprodukt, das alles von schmierigen Arbeitsplatten bis hin zu stumpfen Böden bewältigt. Machen

31

Sie sich bereit, diese Küchen-Basics in Ihre neuen Lieblingsreinigungsmittel zu verwandeln.

Warum auf Natürlichkeit setzen?

Warum zum Fläschchen mit harten Chemikalien greifen, wenn eine sicherere, umweltfreundlichere Lösung direkt in Ihrer Speisekammer steht? Natürlich zu reinigen ist nicht nur ein Trend; es ist eine gesündere Wahl für Sie. Diese herkömmlichen Reiniger sind oft vollgepackt mit Inhaltsstoffen, die Ihre Augen und Atemwege reizen können. Der Umstieg auf natürliche Alternativen kann diese Gesundheitsrisiken erheblich reduzieren.

Und denken Sie an die Umwelt. Jedes Mal, wenn Sie einen chemischen Reiniger in den Abfluss spülen, begibt er sich auf eine Reise durch unsere Wasserwege und kann potenziell das aquatische Leben und Ökosysteme beeinträchtigen. Natürliche Reiniger hingegen sind biologisch abbaubar und weitaus weniger schädlich.

Aber hier ist der eigentliche Clou: Die Verwendung natürlicher Reiniger kann auch Ihrem Geldbeutel zugutekommen. Diese Zutaten sind kostengünstig, weit verbreitet und unglaublich vielseitig. Indem Sie also auf Natürlichkeit setzen, treffen Sie nicht nur eine gesunde und umweltfreundliche Wahl, sondern entscheiden sich auch für eine wirtschaftlichere Art, Ihr Zuhause zum Strahlen zu bringen. Ist das nicht etwas, das es wert ist, in Betracht gezogen zu werden, während Sie Ihre Sprühflasche und Bürste schwingen?

Grundlagen für den Einstieg

Jetzt, da Sie bereit sind, Ihre Reinigungsroutine umzustellen, lernen wir das Reinigungs-Trio besser kennen: Essig, Backpulver und Zitrone. Jede dieser Zutaten hat einzigartige Eigenschaften, die sie zu Haushaltsreinigungs-Champions machen.

Destillierter Weißer Essig: Dieses Küchen-Basic ist im Wesentlichen verdünnte Essigsäure, was es hervorragend macht, um Fett und Schmutz zu durchschneiden. Es ist auch ein natürlicher Desodorierungsmittel und kann einige Bakterien und Viren abtöten, weshalb es für viele Reinigungsaufgaben genutzt wird. Allerdings bedeutet seine saure Natur, dass er nicht für die Verwendung auf Naturstein oder bestimmten empfindlichen Oberflächen geeignet ist, da er sie ätzen oder stumpf machen kann.

Backpulver: Chemisch als Natriumbicarbonat bekannt, ist Backpulver eine milde Alkalie, was es großartig macht, um Schmutz und Fett in Wasser aufzulösen. Seine abrasive Textur hilft bei Schrubb-Aufgaben, und es ist auch ein natürlicher Desodorierungsmittel. Zudem ist es für fast alle Oberflächen sicher, was es unglaublich vielseitig macht.

Zitrone: Die hohe Konzentration von Zitronensäure in Zitronen verleiht ihnen ihre natürlichen antibakteriellen und antiseptischen Eigenschaften. Sie sind großartig, um hartnäckige Flecken zu bekämpfen, insbesondere auf Oberflächen wie Schneidebrettern und Arbeitsplatten. Plus, dieser frische Zitrusduft hinterlässt alles sauber riechend.

Beim Aufbewahren dieser Zutaten sollten Sie Essig in seiner Originalflasche an einem kühlen, dunklen Ort aufbewahren. Backpulver sollte in einem trockenen, versiegelten Behälter aufbewahrt werden, um zu verhindern, dass es verklumpt oder mit Feuchtigkeit reagiert. Zitronen bewahren Sie am besten in der Gemüseschublade Ihres Kühlschranks auf, wo sie länger frisch bleiben.

Denken Sie daran, dass diese Zutaten zwar natürlich, aber dennoch stark sind. Wie bei jedem Reinigungsprodukt, ob natürlich oder nicht, ist es klug, einen kleinen Test an Oberflächen durchzuführen, bevor Sie vollständig einsteigen, nur um sicher zu gehen.

Rezepte für jeden Raum

Hier ist eine Sammlung von Rezepten für verschiedene Räume und Zwecke, unter Verwendung unseres Trios aus Essig, Backpulver und Zitrone.

Küchenreiniger

Allzweckreiniger

Mischen Sie in einer Sprühflasche 1 Teil Wasser mit 1 Teil destilliertem weißem Essig. Wenn Sie einen frischen Duft mögen, fügen Sie ein paar Tropfen Ihres Lieblingsätherischen Öls oder einige Zitronenschalen hinzu. Diese Lösung wirkt Wunder auf Arbeitsplatten, Geräten und Küchentischen. Einfach aufsprühen, mit einem Tuch abwischen und sich an der Sauberkeit erfreuen.

Fettlöser

Für hartnäckige fettige Oberflächen mischen Sie 2 Teile Backpulver mit 1 Teil Zitronensaft zu einer Paste. Tragen Sie sie auf die fettige Stelle auf und lassen Sie sie einige Minuten einwirken, bevor Sie sie abreiben. Das abrasive Backpulver in Kombination mit der fettlösenden Kraft der Zitrone wirkt Wunder auf selbst die schmutzigsten Oberflächen.

Mikrowellen- und Backofenreiniger

Sagen Sie Mikrowellenspritzern und Ofenschmutz Lebewohl. In einer mikrowellengeeigneten Schüssel 2 Esslöffel Backpulver, 1 Tasse Wasser und einige Zitronenscheiben mischen. Etwa 3 Minuten in der Mikrowelle erhitzen oder bis es kocht und dampft. Kurz abkühlen lassen, dann das Innere mit einem Schwamm abwischen. Der Dampf lockert den Schmutz und die Zitrone desodoriert, so dass Sie ein strahlend sauberes Gerät erhalten.

Badezimmer-Booster

Fugenreiniger

Für trübe Fugen mischen Sie 3 Teile Backpulver mit 1 Teil Wasser zu einer Paste. Tragen Sie diese auf die Fugen auf und besprühen Sie sie dann mit Essig. Die Mischung schäumt auf und löst Schmutz und Schimmel. Mit einer Bürste schrubben und für ein makelloses Finish abspülen.

Toilettenreiniger

Geben Sie eine Tasse Essig in die Toilette und lassen Sie ihn einige Minuten einwirken. Streuen Sie anschließend Backpulver in das Innere der Schüssel. Gründlich mit einer Toilettenbürste schrubben. Die Mischung aus Essig und Backpulver reinigt und erfrischt effektiv Ihre Toilette, ganz ohne starke Chemikalien.

Duschspray

Halten Sie eine Sprühflasche mit einer Mischung aus gleichen Teilen Essig und Wasser in Ihrem Badezimmer bereit. Nach dem Duschen die Wände und Vorhänge oder Türen besprühen, um Schimmel und Seifenreste zu verhindern. Für zusätzliche antibakterielle Kraft und einen angenehmen Duft ein paar Tropfen Teebaum- oder Eukalyptusöl hinzufügen.

Wohnbereiche

Fenster- und Glasreiniger

Mischen Sie 2 Tassen Wasser, 1/2 Tasse Essig und 1/4 Tasse Reibungsalkohol mit einem Spritzer flüssigem Spülmittel in einer Sprühflasche. Diese Mischung hinterlässt Ihre Fenster und Spiegel strahlend und ohne Streifen. Einfach aufsprühen, mit einem fusselfreien Tuch oder Zeitungspapier abwischen und die Klarheit bewundern, die Sie geschaffen haben!

Fortgeschrittene Tipps und Tricks

Wenn Ihre Standard-Naturreinigungslösungen ein wenig mehr Wirkung benötigen, erwägen Sie diese fortgeschrittenen Tipps und Tricks. Für hartnäckigere Flecken oder Schmutz, erstellen Sie eine stärkere Paste mit Backpulver und einer geringeren Menge Wasser und fügen Sie ein paar Tropfen Zitronensaft für zusätzliche Fleckenbekämpfungskraft hinzu. Tragen Sie sie auf die betroffene Stelle auf, lassen Sie sie einwirken und schrubben Sie dann.

Bei der Frühjahrsreinigung oder jeder saisonalen Grundreinigung verstärken Sie Ihre natürlichen Lösungen mit frischen, saisonalen Kräutern. Fügen Sie beispielsweise im Frühling und Sommer frische Minze oder Lavendel zu Ihren Mischungen für einen erfrischenden, antimikrobiellen Schub hinzu. Im Herbst können Zimt oder Nelken wärmende und antiseptische Eigenschaften bieten.

Zu vermeidende Oberflächen

Obwohl Essig, Backpulver und Zitrone vielseitig und effektiv für viele Reinigungsaufgaben sind, gibt es bestimmte Oberflächen und Materialien, bei denen ihre Verwendung nicht empfohlen wird.

1. Natursteinoberflächen: Oberflächen wie Granit, Marmor und Kalkstein sind empfindlich gegenüber sauren Substanzen. Essig und Zitrone können diese Oberflächen aufgrund ihrer Säure ätzen und stumpf machen. Für die Reinigung von Naturstein ist es am besten, milde, pH-neutrale Reinigungsmittel zu verwenden.

2. Parkettböden: Während einige Parkettböden verdünnte Essiglösungen vertragen können, wird generell empfohlen, Essig oder Zitronensaft zu vermeiden. Diese sauren Substanzen können mit der Zeit das Finish abbauen und zu Mattheit und Schäden führen. Verwenden Sie stattdessen einen für Hartholz formulierten Reiniger.

3. Gewachste Möbel und Böden: Essig oder Zitrone können die Wachsschicht auf gewachsten Möbeln und Böden entfernen und zu einem Verlust von Glanz und Schutz führen. Verwenden Sie einen seifenbasierten Reiniger, der für gewachste Oberflächen sicher ist.

4. Aluminium und Edelstahl: Saure Reiniger können Verfärbungen und Schäden an Aluminiumoberflächen und einigen Edelstahlsorten verursachen. Für diese Materialien ist es sicherer, ein mildes Waschmittel und Wasser zu verwenden.

5. Elektronische Bildschirme: Vermeiden Sie die Verwendung von essig- oder zitronenbasierten Reinigern auf Bildschirmen von Fernsehern, Computern und Smartphones. Die Säure kann die Blendfreiheit beschädigen und sogar die schützende Beschichtung des Bildschirms entfernen. Verwenden Sie ein Mikrofasertuch und einen speziell für Elektronik entwickelten Reiniger.

6. Eiflecken oder -verschüttungen: Bei Eiflecken oder -verschüt-

tungen vermeiden Sie heißes Wasser oder saure Reiniger wie Essig. Sie können das Eiweiß koagulieren, wodurch es schwerer zu entfernen ist. Wählen Sie stattdessen kaltes Wasser und ein mildes Waschmittel.

7. Tierische Verschmutzungen: Bei der Reinigung von Tierurin vermeiden Sie Essig, da er den Uringeruch verstärken kann. Enzymatische Reiniger sind wirksamer, um diese Gerüche zu neutralisieren und Flecken zu entfernen.

Denken Sie daran, natürlich bedeutet nicht immer sicher für jede Oberfläche. Bei Zweifeln testen Sie zuerst eine kleine Fläche, um die geeignete Reinigungsmethode zu ermitteln.

Sicherheit und Vorsichtsmaßnahmen

Obwohl natürlich, sind Zutaten wie Essig und Backpulver stark und sollten weise verwendet werden. Mischen Sie niemals Essig mit Bleichmittel, da dies schädliches Chlorgas erzeugt. Seien Sie auch vorsichtig beim Kombinieren von Essig und Wasserstoffperoxid, da dies eine ätzende Säure bilden kann. Bewahren Sie Ihre selbstgemachten Reiniger immer in deutlich gekennzeichneten Behältern auf, außerhalb der Reichweite von Kindern und Haustieren. Selbst natürliche Reiniger können schädlich sein, wenn sie verschluckt oder unsachgemäß verwendet werden.

Personalisieren Sie Ihre Reinigungslösungen

Machen Sie die Reinigung angenehmer, indem Sie Ihre Lösungen personalisieren. Fügen Sie jeder Mischung ein paar Tropfen Ihrer Lieblingsätherischen Öle wie Lavendel, Zitrone oder Eukalyptus hinzu, um einen individuellen Duft zu erhalten, der auch zusätzliche antibakterielle oder antifungale Eigenschaften bietet.

Werden Sie kreativ mit Etiketten und Aufbewahrung, indem Sie Glassprühflaschen und individuelle Etiketten verwenden. Nicht nur wird Ihr Zuhause sauber und frisch sein, es wird sich auch mehr nach 'Ihnen' anfühlen. Plus, diese personalisierten Flaschen machen durchdachte, umweltfreundliche Geschenke für Freunde und Familie, die ihre natürliche Reinigungsreise beginnen möchten.

5

KLIMASTABILISATOREN MIT WASSER

VERWENDEN SIE WASSERFÄSSER, UM WÄRME IN
EINEM GEWÄCHSHAUS ZU ABSORBIEREN UND NEU
ZU VERTEILEN

In der Welt des Gewächshausgartens ist es entscheidend, eine gleichbleibende Temperatur für die Gesundheit und das Wachstum der Pflanzen aufrechtzuerhalten. Hier kommen Wasserfässer ins Spiel, nicht als Wasserquelle, sondern als ein leistungsfähiges Werkzeug zur Stabilisierung der Temperatur in Ihrem Gewächshaus. Diese Methode geht nicht nur darum, Ihre Pflanzen glücklich zu machen. Es ist ein nachhaltiger Ansatz zur Temperaturregelung, der den Bedarf an elektrischen Heizsystemen reduziert und den Energieverbrauch minimiert. Außerdem ist sie relativ einfach und kostengünstig umzusetzen. Mit ein paar gut platzierten Fässern und etwas Sonnenschein können Sie eine stabilere Wachstumsumgebung für eine Vielzahl von Pflanzen schaffen.

Klimakontrolle im Gewächshaus

Die Integration von Wärmesenken wie Wasserfässern in Ihr Gewächshaus ist ein Spielwechsler für die Temperaturregelung. Also, was ist das Geheimnis hinter dieser Methode? Es geht alles um die thermische Masseneigenschaften von Wasser. Wasser hat die Fähigkeit, große Mengen an Wärme zu absorbieren, zu speichern und später wieder abzugeben. Indem Sie Wasserfässer in Ihrem Gewächshaus platzieren, schaffen Sie große Wärmebatterien, die überschüssige Wärme absorbieren, wenn die Sonne scheint, und sie langsam abgeben, wenn die Temperaturen fallen, besonders während der kühlen Nächte. Dies hilft nicht nur, Ihre Pflanzen zu schützen, sondern kann auch Ihre Wachstumssaison verlängern, indem es die Temperaturen stabiler hält. Wärmesenken sind eine passive, energieeffiziente Lösung für eine der größten Herausforderungen im Gewächshausgarten: die Aufrechterhaltung eines optimalen Wachstumsklimas. Mit der richtigen Einrichtung können sie den Energieverbrauch und die Kosten, die mit aktiven Heiz- und Kühlsystemen verbunden sind, erheblich reduzieren.

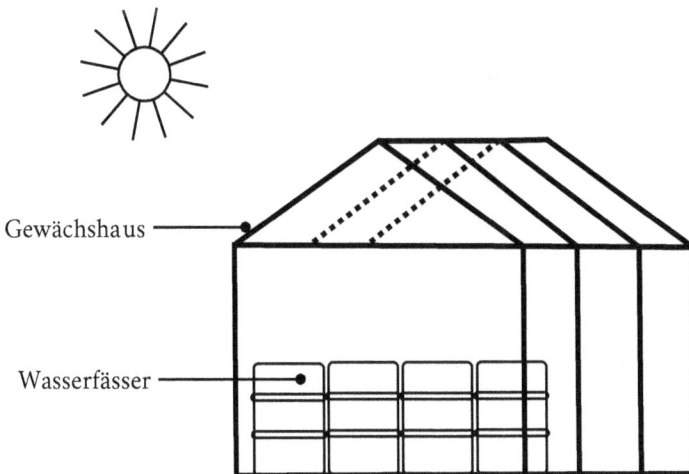

Gewächshaus

Wasserfässer

Materialien und Werkzeuge, die benötigt werden

Um ein effektives Wärmebecken-System mit Wasserfässern in Ihrem Gewächshaus einzurichten, benötigen Sie die richtigen Materialien und Werkzeuge. Hier ist, was Sie sammeln sollten:

Arten von Fässern, die geeignet sind

Plastikfässer: Oft verwendet wegen ihrer Haltbarkeit, Leichtigkeit und Widerstandsfähigkeit gegen Verrottung. Suchen Sie nach lebensmittelechten Fässern, wenn möglich, da sie sicherstellen, dass das Wasser nicht mit schädlichen Substanzen kontaminiert wird.

Metallfässer: Diese können ebenfalls verwendet werden, achten Sie jedoch darauf, dass sie beschichtet sind, um Rost zu verhindern. Sie sind schwerer, haben aber eine hohe Wärmeleitfähigkeit.

Weitere benötigte Materialien

Schwarze Farbe (ungiftig): Wenn Sie Ihre Fässer schwarz anstreichen, erhöhen Sie ihre Wärmeabsorptionsfähigkeit, da Schwarz mehr Wärme absorbiert.

Rohr oder Schlauch: Erforderlich, wenn Sie planen, das Fass in ein Bewässerungssystem zu integrieren oder für eine einfachere Befüllung und Entleerung.

Isoliermaterial (optional): Zum Umwickeln der Fässer, um Wärmeverluste zu reduzieren, besonders nützlich in sehr kalten Klimazonen.

Werkzeuge, die für Montage und Einrichtung benötigt werden:

Bohrer: Zum Bohren von Löchern, wenn Sie Rohre anbringen oder ein integriertes Bewässerungssystem erstellen.

Pinsel oder Rolle: Zum Auftragen von Farbe auf die Fässer.

Handschuhe und Schutzbrillen: Priorisieren Sie immer die Sicherheit beim Umgang mit Werkzeugen und Materialien.

Auswahl und Vorbereitung

Auswahl der richtigen Fassgröße

Bei der Auswahl der Fässer für Ihr Gewächshaus sollten Sie die Größe und das Material berücksichtigen. Die Größe hängt vom verfügbaren Platz und der Menge an Wärme ab, die Sie absorbieren müssen. Typischerweise werden 55-Gallonen-Fässer verwendet, aber die Anzahl und Größe kann je nach Ihren spezifischen Bedürfnissen variieren. Stellen Sie sicher, dass die Fässer zuvor keine schädlichen Chemikalien gelagert haben, insbesondere wenn sie in unmittelbarer Nähe zu Pflanzen oder Wassersystemen stehen.

Reinigung und Vorbereitung der Fässer

Reinigung: Reinigen Sie die Fässer gründlich mit einer Mischung aus Wasser und einem ungiftigen Reinigungsmittel. Spülen Sie gut, um sicherzustellen, dass keine Rückstände bleiben.

Anstreichen: Streichen Sie die Fässer schwarz, um die Wärmeaufnahme zu maximieren. Verwenden Sie mehrere Schichten ungiftiger, wasserresistenter Farbe, die für das Material des Fasses geeignet ist.

Inspektion: Überprüfen Sie auf Undichtigkeiten oder Schwachstellen, besonders wenn Sie gebrauchte Fässer verwenden.

Installationsprozess

Jetzt, da Sie Ihre Materialien vorbereitet und Ihre Fässer bereit haben, ist es an der Zeit, sie in Ihrem Gewächshaus zu installieren und sich bereit zu machen, die thermische Kraft des Wassers zu nutzen. Folgen Sie dieser schrittweisen Anleitung, um eine reibungslose Installation zu gewährleisten:

1. Positionierung Ihrer Fässer

Maximierung des Sonnenlichts: Platzieren Sie Ihre Fässer an einem Ort, an dem sie den ganzen Tag über maximales Sonnenlicht erhalten. Typischerweise ist dies an der Nordwand, wenn Sie auf der Nordhalbkugel leben, oder unter dem höchsten Punkt des Gewächshausdachs.

Abstand: Lassen Sie genügend Platz zwischen den Fässern und anderen Objekten oder Wänden, um die Luftzirkulation zu ermöglichen, was zu einer gleichmäßigeren Wärmeverteilung beiträgt.

2. Sicherung der Fässer

Stabilität ist entscheidend: Stellen Sie sicher, dass jedes Fass stabil ist und nicht rollt oder kippt. Sie möchten sie vielleicht auf eine Plattform stellen oder mit Gurten oder Gewichten sichern, besonders wenn Sie in einem Gebiet mit Bewegung oder starken Winden leben.

Mit Wasser füllen: Sobald die Fässer platziert und stabil sind, füllen Sie sie mit Wasser. Dies kann mit einem Schlauch oder Eimern erfolgen, je nach Ihrer Einrichtung und Wasserquelle.

3. Maximierung der Wärmeabsorption

Ausrichtung: Richten Sie die Fässer, wenn möglich, so aus, dass die größte Oberfläche dem Sonnenverlauf zugewandt ist. Dies hängt vom Design des Gewächshauses und dem Verlauf der Sonne ab.

Farbe ist wichtig: Stellen Sie sicher, dass die Fässer, falls noch nicht geschehen, schwarz oder in einer dunklen Farbe gestrichen sind, um tagsüber mehr Wärme aufzunehmen.

4. Verbesserung der Wärmeverteilung

Verwendung von reflektierenden Oberflächen: Erwägen Sie, reflektierende Materialien wie Aluminiumfolie oder reflektierenden Stoff hinter den Fässern zu platzieren, um entweichende Wärme zurück zu den Pflanzen zu lenken.

Luftzirkulation: Nutzen Sie strategisch Ventilatoren oder Lüftungsschlitze, um die warme Luft rund um die Fässer im gesamten Gewächshaus zu verteilen.

5. Sicherheitsmaßnahmen

Gewichtsunterstützung: Denken Sie daran, dass Wasser schwer ist. Stellen Sie sicher, dass die Gewächshausstruktur und die Plattform, auf der die Fässer stehen, das Gewicht tragen können, wenn sie voll sind.

Regelmäßige Inspektion: Überprüfen Sie die Fässer regelmäßig auf Lecks oder Anzeichen von Verschleiß. Lösen Sie Probleme sofort, um Wasserschäden zu vermeiden und die optimale Effizienz aufrechtzuerhalten.

Notfallplan: Haben Sie einen Plan, um die Fässer bei Bedarf schnell zu entleeren, sei es aufgrund eines Lecks oder struktureller Bedenken. Wissen Sie, wie Sie ein Fass entfernen oder ersetzen, wenn es notwendig wird.

Wartung und Überwachung

Regelmäßige Kontrollen und Reinigung

Überprüfen Sie Ihre Fässer regelmäßig auf Anzeichen von Algenwachstum, Sedimentablagerungen oder Lecks. Reinigen Sie die Außenflächen, um sicherzustellen, dass sie weiterhin maximales Sonnenlicht aufnehmen. Leeren Sie bei Bedarf die Fässer gelegentlich für eine gründliche Innenreinigung, insbesondere wenn das Wasser trüb oder verfärbt wird.

Überwachung von Temperaturänderungen

Behalten Sie die Temperatur in Ihrem Gewächshaus genau im Auge, insbesondere bei extremen Wetterbedingungen. Verwenden Sie ein Minimum-Maximum-Thermometer, um die Temperaturschwankungen im Tages- und Nachtverlauf zu verfolgen.

Passen Sie die Positionierung der Fässer oder die Wassermenge mit dem Wechsel der Jahreszeiten an. In wärmeren Monaten benötigen Sie möglicherweise weniger Wasser, um eine Überhitzung zu vermeiden, während Sie in kühleren Monaten diese füllen, um die Wärmeaufnahme zu maximieren.

Fehlerbehebung bei häufigen Problemen

Wenn Sie feststellen, dass die Temperatur nicht effektiv geregelt wird, stellen Sie zunächst sicher, dass die Fässer ordnungsgemäß gefüllt sind und keine Lecks entwickelt haben. Überprüfen Sie, ob sie immer noch optimal für die Sonneneinstrahlung positioniert sind und nicht durch neues Pflanzenwachstum oder strukturelle Veränderungen im Gewächshaus beschattet wurden. Wenn Algenwachstum ein Problem darstellt, erwägen Sie, die Fässer abzudecken, um das Eindringen von Licht zu begrenzen, oder fügen Sie eine kleine Menge ungiftigen Algenvernichters hinzu. Regelmäßiges Überprüfen und Feinabstimmen Ihrer Einrichtung ist der Schlüssel zur Aufrechterhaltung eines effektiven Wärmesenken-Systems.

Effizienz maximieren

Um die Leistung Ihres Wasserfasssystems zu verbessern, beachten Sie folgende Tipps:

Isolieren Sie Ihr Gewächshaus, um mehr von der tagsüber absorbierten Wärme zu speichern.

Kombinieren Sie Ihr Wasserfasssystem mit anderen passiven Solarelementen, wie einer nach Süden ausgerichteten, schwarz gestrichenen Wand, um die Wärmeaufnahme zu erhöhen.

Fügen Sie in den kälteren Monaten, falls der Platz es zulässt, weitere Fässer hinzu, um die Gesamtwärmespeicherkapazität zu erhöhen.

Halten Sie den Wasserstand in jedem Fass so hoch wie möglich, um die thermische Masse zu maximieren.

Indem Sie diese Schritte befolgen, richten Sie ein effizientes, nachhaltiges Heizsystem ein, das die natürliche Kraft von Wasser und Sonnenlicht nutzt. Nicht nur Ihre Pflanzen profitieren von den stabileren Temperaturen, sondern Sie genießen auch die Ruhe, die aus einer gut gewarteten, umweltfreundlichen Lösung resultiert.

6

LEBENSRETTENDE, EIN-FACHSTE WASSERAUF-BEREITUNG

WASSERDESINFEKTION MIT SONNENSTRAHLUNG IN
KLAREN PLASTIKFLASCHEN

Die Sonnen-Wasser-Desinfektion (SODIS) ist ein Durchbruch; sie nutzt Sonnenenergie, um Wasser zu desinfizieren und damit trinkbar zu machen. Dieser Prozess ist besonders nützlich in Gebieten, in denen der Zugang zu sauberem Wasser eine Heraus-forderung darstellt. Einfach ausgedrückt, beinhaltet SODIS das Füllen von Plastikflaschen mit Wasser und deren Aussetzung an die Sonne für mehrere Stunden oder Tage. Die Sonnenstrahlung und Wärme arbeiten zusammen, um schädliche Krankheitser-reger im Wasser abzutöten und es somit trinkbar zu machen.

Das Konzept mag modern klingen, ist aber schon seit Langem bekannt, mit historischen Aufzeichnungen, die verschiedene Methoden der solaren Wasseraufbereitung belegen. Heute wird SODIS als eine zugängliche, kostengünstige Lösung gefeiert, insbesondere in Entwicklungsländern. Sie erfordert minimale

Ausrüstung und keinen Strom.

Wie funktioniert es?

Die Wirksamkeit von SODIS liegt in der doppelten Kraft von UV-Strahlung und erhöhter Temperatur.

UV-Strahlung: Die Sonne sendet ultraviolette (UV-) Strahlen aus, eine Art elektromagnetischer Strahlung. Wenn schädliche Mikroorganismen im Wasser UV-Strahlen ausgesetzt sind, durchdringt die Strahlung ihre Zellen und beschädigt ihre DNA.

Temperatur: Gleichzeitig erhöht die Sonnenwärme die Wassertemperatur. In Kombination mit UV-Exposition beschleunigen höhere Temperaturen den Desinfektionsprozess. Ideal ist es, wenn das Wasser mindestens 50 °C (122 °F) erreicht, um die Wirksamkeit zu erhöhen, obwohl auch niedrigere Temperaturen von der UV-Exposition profitieren.

Das Beste daran? Dieser Prozess erfordert keine ausgefeilte Technologie oder Chemikalien. Klare Plastikflaschen bestehen normalerweise aus PET, das die meisten UV-Strahlen durchlässt und keine schädlichen Substanzen ins Wasser abgibt. Indem man Flaschen direkt in die Sonne legt, typischerweise für etwa sechs Stunden oder bis zu zwei Tage, wenn der Himmel bewölkt ist, kann man die Präsenz von Krankheitserregern deutlich reduzieren.

Materialien und Einrichtung

Um mit Ihrer solaren Desinfektionsreise zu beginnen, benötigen Sie die richtigen Materialien und ein wenig Know-how für die Einrichtung. Hier ist, was Sie wissen müssen:

Arten von Flaschen, die für SODIS geeignet sind

Die idealen Flaschen für SODIS sind klare Plastik-PET-Flaschen. PET-Flaschen ermöglichen es UV-Strahlen, effektiv in das Wasser einzudringen. Sie werden häufig für Getränke verwendet und sind leicht verfügbar.

Verwenden Sie Flaschen mit einer Kapazität von 1-2 Litern für die besten Ergebnisse. Größere Flaschen lassen möglicherweise nicht zu, dass UV-Strahlen effektiv bis ins Zentrum des Wasservolumens eindringen.

Stellen Sie sicher, dass die Flaschen durchsichtig und nicht gefärbt sind, da klare Flaschen das Eindringen von UV-Licht maximieren. Vermeiden Sie die Verwendung von trüben Kunststoffen, da sie die UV-Exposition behindern können.

Vorbereitung des Wassers und der Flaschen für die Desinfektion

Beginnen Sie damit, die Flaschen gründlich mit Seife und Wasser zu reinigen. Wenn eine Flasche zuvor verwendet wurde, stellen Sie sicher, dass sie frei von jeglichen Rückständen oder Schmutz ist.

Füllen Sie die Flaschen mit Wasser. Wenn das Wasser trüb oder bewölkt ist, muss es zuerst gefiltert oder abgesetzt werden. Klare Wasser ermöglicht es UV-Strahlen, effektiver einzudringen.

Füllen Sie die Flasche nicht bis zum Rand; lassen Sie etwas Platz für die Ausdehnung, wenn das Wasser erhitzt wird, und um die Flasche zu schütteln, um das Wasser zu belüften, was die Wirksamkeit des Prozesses erhöht.

Einrichtung Ihrer SODIS-Station

Standort: Wählen Sie einen sonnigen Ort, an dem die Flaschen maximales Sonnenlicht erhalten. Das könnte ein flaches Dach, ein Hof oder ein Balkon sein. Vermeiden Sie schattige Bereiche, da sie den Desinfektionsprozess erheblich verlangsamen können.

Ausrichtung: Legen Sie die Flaschen horizontal ab, um die der Sonne ausgesetzte Oberfläche zu maximieren. Diese Ausrichtung hilft den UV-Strahlen, durch mehr Wasser einzudringen.

Dauer: Die erforderliche Belichtungszeit kann je nach Wetterbedingungen und der Intensität des Sonnenlichts von 6 Stunden bis zu zwei Tagen variieren. An hellen, sonnigen Tagen sind typischerweise 6 Stunden ausreichend. An bewölkten Tagen oder wenn die Wassertemperatur kühler ist, kann es jedoch zwei Tage dauern, bis die Desinfektion effektiv ist.

Die Einrichtung für SODIS ist unkompliziert, erfordert jedoch Aufmerksamkeit für Details, um sicherzustellen, dass der Prozess wirksam ist. Mit Ihren vorbereiteten Flaschen und Ihrer Station sind Sie bereit, die Kraft der Sonne zur Wasserdesinfektion zu nutzen.

Beste Praktiken

SODIS ist ein unkomplizierter, aber nuancierter Prozess. Um seine Wirksamkeit sicherzustellen, sollten Sie folgende beste Praktiken befolgen:

Sicherstellung der Wasserklarheit und optimaler Bedingungen für die Desinfektion

Wasserklarheit: Je klarer das Wasser, desto besser. Trübes oder turbides Wasser reduziert die Durchdringung der UV-Strahlen und macht SODIS weniger wirksam. Verwenden Sie ein Tuch oder einen Kaffeefilter, um Wasser vorzufiltern, wenn es nicht klar ist.

Belüftung: Vor dem Verschließen der Flaschen schütteln Sie diese etwa 20 Sekunden lang, um das Wasser zu belüften. Diese Belüftung hilft, den Desinfektionsprozess zu verbessern.

Wartung der Flaschen: Überprüfen Sie Ihre Flaschen regelmäßig auf Kratzer, Trübungen oder Anzeichen von Verschleiß. Beschädigte oder alte Flaschen könnten die UV-Übertragung behindern und sollten ersetzt werden.

Häufigkeit und Zeitpunkt der Wasserbehandlung

Tägliche Behandlung: Bei kontinuierlicher Nutzung behandeln Sie das Wasser täglich, um eine stetige Versorgung mit sicherem Trinkwasser zu gewährleisten. Es ist eine gute Praxis, ein Rotationssystem einzurichten, bei dem einige Flaschen desinfiziert werden, während andere zur Verwendung bereit sind.

Zeitpunkt: Beginnen Sie den SODIS-Prozess am Morgen, um die maximalen Sonnenstunden zu nutzen. Stellen Sie sicher, dass die Flaschen während der Spitzen-Sonnenstunden (normalerweise zwischen 10 und 15 Uhr) der Sonne ausgesetzt sind.

Wie man erkennt, wann das Wasser sicher zu trinken ist

Dauer: Im Allgemeinen ist das Wasser sicher, wenn es mindestens 6 Stunden lang voller Sonneneinstrahlung oder zwei Tage lang 50% Bewölkung ausgesetzt war. Dies kann jedoch je nach Intensität der Sonne und der Umgebungstemperatur variieren.

Temperatur: Wenn sich die Flaschen warm oder heiß anfühlen, ist das ein gutes Zeichen dafür, dass sie genügend Wärme und UV-Strahlung erhalten haben. Wassertemperaturen über 50 °C in Kombination mit UV-Exposition verbessern den Desinfektionsprozess.

Indikatorwerkzeuge: Einige Organisationen bieten Indikatoren an oder verwenden Methoden wie WADI, ein UV-Messgerät, um anzuzeigen, wann Wasser ausreichend UV-Strahlen ausgesetzt wurde. Diese können hilfreich sein, wenn Sie sich über die Intensität der Sonne oder die Sicherheit des Wassers unsicher sind.

Denken Sie daran, dass SODIS zwar eine robuste Methode zur Desinfektion darstellt, wenn Sie jedoch jemals an der Sicherheit des behandelten Wassers zweifeln oder wenn die Bedingungen nicht ideal waren, ist es klug, im Zweifelsfall das Wasser etwas länger zu behandeln oder eine alternative Methode zu verwenden, um seine Sicherheit zu gewährleisten.

Vorteile und Einschränkungen

Vorteile von SODIS

Kostengünstig: SODIS erfordert minimale Investitionen, hauptsächlich in Form von Plastikflaschen, die oft leicht verfügbar und preiswert sind.

Einfach und zugänglich: Der Prozess ist unkompliziert und kann leicht von Einzelpersonen und Gemeinschaften gleichermaßen übernommen werden, ohne dass umfangreiche Schulungen oder komplexe Ausrüstung erforderlich sind.

Sicher: Wenn richtig durchgeführt, reduziert SODIS effektiv die Präsenz von Krankheitserregern, einschließlich Bakterien, Viren und Protozoen, und verbessert so die allgemeine Sicherheit von Trinkwasser.

Einschränkungen von SODIS

Wetterabhängig: Die Wirksamkeit von SODIS hängt von sonnigen Bedingungen ab. Bewölkte oder regnerische Tage verlängern die Behandlungszeit oder können sie unwirksam machen. Um dies zu überwinden, kann das Wasser an zwei aufeinanderfolgenden Tagen behandelt werden, wenn das Sonnenlicht nicht intensiv oder konstant ist.

Wasserklarheit: SODIS ist bei trübem oder gefärbtem Wasser weniger wirksam. Eine Vorfiltration zur Entfernung von Sedimenten und Schmutz ist notwendig, um Klarheit und Wirksamkeit zu gewährleisten.

Begrenztes Volumen: Der Prozess behandelt typischerweise Wasser in kleinen Mengen (die Größe der Flasche). Die Implementierung eines Rotationssystems oder die Verwendung mehrerer Flaschen kann helfen, das täglich behandelte Wasservolumen zu erhöhen.

Flaschenverschlechterung: Plastikflaschen können sich im Laufe der Zeit verschlechtern, insbesondere bei langanhaltender Sonneneinstrahlung. Eine regelmäßige Inspektion und der Austausch der Flaschen bei Bedarf gewährleisten, dass der Prozess effektiv bleibt.

Kreative Verwendungen

Im Gartenbau kann die Verwendung von SODIS-behandeltem Wasser zur Bewässerung die Pflanzengesundheit fördern. Dies ist besonders nützlich in Regionen, in denen die Wasserqualität beeinträchtigt ist. Sauberes, gereinigtes Wasser stellt sicher, dass Pflanzen keinen schädlichen Krankheitserregern oder Verunreinigungen ausgesetzt sind, fördert ein gesünderes Wachstum und reduziert das Risiko einer Bodenkontamination.

In Notsituationen oder bei abgelegenen Outdoor-Abenteuern wird SODIS zu einer unschätzbaren Ressource. Es bietet eine

effektive Möglichkeit, Trinkwasser zu reinigen, wenn Standard-
behandlungsmethoden nicht verfügbar sind, wie bei Naturka-
tastrophen oder beim Camping in der Wildnis.

Darüber hinaus kann SODIS als Quelle für sauberes Wasser
zum Waschen von Gemüse oder Reinigen dienen. Die Über-
nahme von SODIS in das tägliche Leben kann ein kleiner, aber
wirkungsvoller Schritt in Richtung eines nachhaltigeren Leb-
ensstils sein.

7

KOCHEN OHNE STROM- NETZ MIT GESPEICHERT- ER WÄRME

VERWENDEN SIE EINEN DIY-THERMOKOCHER, UM WÄRME ZU SPEICHERN UND MAHLZEITEN OHNE KONTINUIERLICHE ENERGIEZUFUHR ZU ENDE ZU KOCHEN

Stellen Sie sich eine Kochmethode vor, die umweltfreundlich, energieeffizient ist und trotzdem köstliche Mahlzeiten zaubert – das ist die Magie eines DIY-Thermokochers. Es geht nicht nur ums Kochen; es geht darum, eine kreative Art der Essenszubereitung zu umarmen.

Indem Sie die Kraft der gespeicherten Wärme nutzen, ermöglicht es ein Thermokocher, Ihre Mahlzeit mit herkömmlichen Methoden zum Kochen zu bringen und dann den Garprozess ohne zusätzliche Energie fortzusetzen. Denken Sie daran als an einen Slow Cooker ohne Stecker. Diese Methode ist ein Game-Changer für diejenigen, die den Geschmackstiefgang lieben, den langsames Kochen mit sich bringt, aber auch auf Energieverbrauch achten. Ob Sie einen Eintopf köcheln oder Reis kochen, sobald Sie Ihr Gericht in einen Thermokocher übertragen haben, kocht es sanft weiter, vermischt Aromen und zartisiert Zutaten zur Perfektion.

Wie funktioniert es?

Im Herzen des thermischen Kochens steht die Wissenschaft der Wärmespeicherung. Hier ist die Sache: Jede Kochmethode beinhaltet die Übertragung von Wärme auf das Essen. Normalerweise verflüchtigt sich diese Wärme mit der Zeit und erfordert eine kontinuierliche Energiequelle. Aber was wäre, wenn Sie diese anfängliche Wärme einfangen und länger anhalten lassen könnten? Hier kommt die Isolierung ins Spiel – der Superheld des thermischen Kochens. Gute Isolierung wirkt wie eine kuschelige Decke um Ihren Topf, verlangsamt den Wärmeverlust und hält Ihr Essen länger ohne zusätzliche Energie am Kochen. Je besser die Isolierung, desto effektiver der Kocher.

Benötigte Materialien

Hier ist, was Sie sammeln sollten, um sicherzustellen, dass Ihr Kocher nicht nur effektiv ist, sondern auch Freude beim Gebrauch bereitet:

Isolationsmaterialien

Polystyrolplatten oder Schaum: Diese Materialien sind großartig, um Wärme einzufangen, da sie eine niedrige Wärmeleitfähigkeit haben.

Wolle oder dicker Stoff: Wenn Sie etwas Natürlicheres suchen, können auch Wolle oder Schichten dicken Stoffes als gute zweite Isolationsschicht dienen.

Behälter

Großer Topf mit Deckel: Dies wird der Ort sein, an dem Sie Ihr Essen zunächst erhitzen. Er sollte groß genug sein, um Ihre Mahlzeiten aufzunehmen und einen dicht schließenden Deckel haben, um Dampf und Wärme zu halten.

Isolierter äußerer Behälter: Das könnte eine Kühlbox sein, groß genug, um den Topf mit zusätzlichem Platz für Isolierung aufzunehmen. Alternativ kann eine stabile Kiste oder ein Korb als äußerer Behälter angepasst werden.

Deckel oder Abdeckung für den äußeren Behälter: Um die Wärme einzuschließen, benötigen Sie einen Deckel oder eine Abdeckung. Das könnte der bestehende Deckel einer Kühlbox sein oder eine maßgefertigte Abdeckung, die genau über Ihren gewählten äußeren Behälter passt.

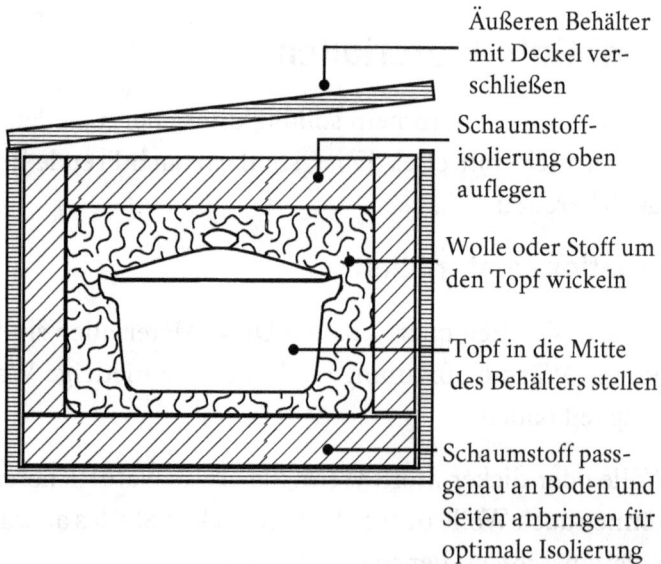

Äußeren Behälter mit Deckel verschließen

Schaumstoffisolierung oben auflegen

Wolle oder Stoff um den Topf wickeln

Topf in die Mitte des Behälters stellen

Schaumstoff passgenau an Boden und Seiten anbringen für optimale Isolierung

Wärmequelle

Herd oder Heizplatte: Bevor das Essen in den Thermokocher kommt, muss es Kochtemperatur erreichen. Ein normaler Küchenherd oder eine tragbare Heizplatte erledigen diesen Job.

Auswahl der richtigen Materialien

Effizienz ist entscheidend: Die Effizienz Ihres Thermokochers hängt stark von der Qualität der Isolierung ab. Suchen Sie nach Materialien, die gute Isoliereigenschaften haben und zudem langlebig sind.

Sicherheitsüberlegungen: Stellen Sie sicher, dass alle Materialien sicher zu verwenden sind und bei Kontakt mit Wärme nicht schmelzen, ausgasen oder entflammbar werden.

Zugänglichkeit: Erwägen Sie die Verwendung von Materialien, die leicht verfügbar sind oder die Sie bereits zu Hause haben. Das Recyceln alter Wolldecken oder das Umrüsten einer Kühlbox kann sowohl kostengünstig als auch umweltfreundlich sein.

Bau Ihres Kochers

Jetzt, wo Sie alle Materialien haben, ist es an der Zeit, Ihren eigenen Thermokocher zu bauen. Folgen Sie diesen Schritten, um einen effektiven, tragbaren und langlebigen Kocher zu gewährleisten:

1. Zusammenbau Ihres äußeren Behälters:

Wählen Sie einen äußeren Behälter, der größer als Ihr innerer Topf ist, mit genügend Platz für Isolierung.

Legen Sie den Boden des äußeren Behälters mit einer Schicht Polystyrol oder Schaumstoff (mindestens 3,8 cm dick) aus. Diese

Schicht dient als Basisisolierung.

2. Isolieren der Seiten:

Schneiden Sie Ihr Isoliermaterial so zu, dass es an die Seiten des äußeren Behälters passt. Wenn Sie Polystyrol oder Schaumstoff verwenden, messen und schneiden Sie präzise Paneele.

Passen Sie die Isolierung fest an die Seiten an, um sicherzustellen, dass keine Lücken vorhanden sind, durch die Wärme entweichen könnte.

3. Hinzufügen einer zweiten Isolierschicht:

Für eine bessere Isolierung legen Sie Stoff oder Wolle als zweite Schicht um die Seiten.

4. Platzieren des inneren Topfes:

Erhitzen Sie Ihr Essen im inneren Topf auf Ihrem normalen Herd oder der Heizplatte, bis es die gewünschte Temperatur erreicht und zu kochen beginnt.

Platzieren Sie vorsichtig den heißen inneren Topf in die Mitte des isolierten äußeren Behälters.

5. Versiegeln der Oberseite:

Legen Sie eine Schicht Stoff oder Wolle auf den Topf und dann die Schaumstoffisolierung darauf.

Schließen Sie den äußeren Behälter mit seinem Deckel oder seiner Abdeckung. Wenn er keine dichte Abdichtung hat, sollten Sie in Erwägung ziehen, zusätzlichen Isolierstoff über die Oberseite zu legen, bevor Sie ihn schließen.

6. Mach es tragbar und haltbar:

Griffe: Fügen Sie dem äußeren Behälter Griffe oder Träger hinzu, wenn er keine hat, und stellen Sie sicher, dass sie sicher befestigt sind und das Gewicht tragen können.

Wetterfestigkeit: Wenn Sie Ihren Thermokocher im Freien verwenden möchten, sollten Sie den äußeren Behälter mit einer wasserabweisenden Beschichtung oder Abdeckung wetterfest machen.

Rezepte und Kochtechniken

Speziell angepasste Rezepte für einen Thermokocher

Das Kochen mit einem Thermokocher erfordert Rezepte, die langsamem, allmählichem Kochen standhalten und davon profitieren können. Hier sind einige Ideen:

Getreide und Hülsenfrüchte: Herzhaft und saugfähig, eignen sich Getreide und Hülsenfrüchte wie Reis, Quinoa, Linsen und Bohnen ideal für das thermische Kochen. Sie absorbieren Aromen gut und werden über die verlängerte Kochzeit zart.

Suppen: Rezepte wie Gemüseeintopf oder Suppe sind perfekt, da das langsame Kochen eine tiefe Geschmacksentwicklung ermöglicht.

Brei und Haferflocken: Beginnen Sie Ihren Tag mit einer warmen, herzhaften Schale Brei oder Haferflocken, zubereitet in Ihrem Thermokocher.

Hier sind einige Rezepte für Ihren DIY-Thermokocher:

Herzhafter Gemüse-Linsen-Suppe

Zutaten:

- 200 g Linsen (gespült)
- 1 Liter Gemüsebrühe
- 1 Zwiebel, gewürfelt
- 2 Karotten, gewürfelt
- 2 Stangen Sellerie, gewürfelt
- 2 Knoblauchzehen, gehackt
- 1 Dose gewürfelte Tomaten
- 1 Teelöffel Thymian
- Salz und Pfeffer nach Geschmack

Anleitung:

1. In einem großen Topf Zwiebeln, Karotten und Sellerie anschwitzen, bis sie etwas weich sind. Knoblauch hinzufügen und eine weitere Minute kochen.

2. Linsen, Gemüsebrühe, gewürfelte Tomaten und Thymian hinzufügen. Zum Kochen bringen.

3. Sobald es kocht, vorsichtig den Topf in Ihren vorgeheizten DIY-Thermokocher übertragen.

4. Den Kocher versiegeln und für 4-6 Stunden sitzen lassen, damit die Linsen zart werden und die Aromen sich vermischen.

5. Vor dem Servieren die Würze überprüfen und mit Salz und Pfeffer abschmecken.

Kichererbsen-Tomaten-Pasta

Zutaten:
- 200-250 g Ihrer Lieblingspasta
- 1 Dose Kichererbsen, abgetropft und gespült
- 1 Dose gewürfelte Tomaten
- 2 Knoblauchzehen, gehackt
- 1 Zwiebel, gewürfelt

- 2 Esslöffel Olivenöl
- Salz und Pfeffer nach Geschmack
- Frisches Basilikum zum Garnieren

Anleitung:

1. In einem Topf Olivenöl bei mittlerer Hitze erhitzen. Zwiebeln und Knoblauch hinzufügen und kochen, bis sie weich und duftend sind.

2. Die Dosen-Tomaten, Kichererbsen und Pasta hinzufügen. Genug Wasser hinzufügen, um alle Zutaten zu bedecken, normalerweise etwa 2 Tassen. Mit Salz und Pfeffer würzen.

3. Die Mischung zum Kochen bringen und sicherstellen, dass die Pasta vollständig eingetaucht ist.

4. Sobald es kocht, den Topf in Ihren vorgeheizten DIY-Thermokocher übertragen.

5. Den Kocher versiegeln und für etwa 2-3 Stunden sitzen lassen. Die Pasta wird kochen und die Tomatenaromen aufnehmen.

6. Mit frischem Basilikum garniert servieren.

Einfacher Quinoa-Pilaw

Zutaten:
- 170 g Quinoa, gespült und abgetropft
- 500 ml Gemüsebrühe oder Wasser
- 1 Zwiebel, fein gehackt
- 1 Paprika, gewürfelt
- 1 Karotte, gewürfelt
- 1 Teelöffel Olivenöl
- 1/2 Teelöffel Knoblauchpulver
- Salz und Pfeffer nach Geschmack

Anleitung:

1. Olivenöl bei mittlerer Hitze in einem Topf erhitzen. Zwiebeln, Paprika und Karotten hinzufügen und anbraten, bis sie weich sind.

2. Quinoa, Gemüsebrühe, Knoblauchpulver, Salz und Pfeffer einrühren.

3. Die Mischung zum Kochen bringen und dann vorsichtig den Topf in Ihren vorgeheizten DIY-Thermokocher übertragen.

4. Den Kocher versiegeln und für 3-4 Stunden sitzen lassen, bis der Quinoa fluffig ist und alle Flüssigkeit aufgenommen wurde.

5. Mit einer Gabel auflockern und als einfache, aber nahrhafte Beilage oder als Grundlage für andere Toppings servieren.

Kokos-Reis-Pudding

Zutaten:
- 200 g Reis (Kurzkorn- oder Arborio-Reis eignet sich gut)
- 1 Liter Kokosmilch (oder eine Mischung aus Kokosmilch und Wasser)
- 67 g Zucker
- 1/2 Teelöffel Vanilleextrakt
- Eine Prise Salz
- Optional: Rosinen oder Zimt für zusätzlichen Geschmack

Anleitung:

1. In Ihrem Topf Reis, Kokosmilch, Zucker, Vanilleextrakt und eine Prise Salz vermischen.

2. Die Mischung zum Kochen bringen und dabei gelegentlich umrühren, um sicherzustellen, dass sich der Zucker auflöst und der Reis nicht klebt.

3. Sobald es kocht, den Topf in Ihren vorgeheizten DIY-Thermokocher übertragen.

4. Den Kocher versiegeln und für 5-6 Stunden sitzen lassen. Der Reis wird langsam die Kokosmilch aufnehmen und cremig und zart werden.

5. Warm oder kalt servieren, garniert mit Rosinen oder einer Prise Zimt, falls gewünscht.

Denken Sie daran, der Schlüssel zum erfolgreichen thermischen Kochen ist es, das Essen auf die richtige Anfangstemperatur zu bringen und dann ausreichend Zeit zu lassen, damit die Zutaten langsam in der gespeicherten Wärme durchkochen. Viel Spaß beim Experimentieren mit diesen Rezepten und genießen Sie die köstlichen, energieeffizienten Mahlzeiten, die sie produzieren.

Effizienz maximieren

Um die Leistung Ihres DIY-Thermokochers voll auszuschöpfen, sollten Sie diese Strategien für höchste Effizienz berücksichtigen:

Lücken prüfen: Stellen Sie sicher, dass keine Lücken oder Löcher vorhanden sind, durch die Wärme entweichen könnte. Je besser die Umgebung versiegelt ist, desto besser wird sie die Wärme behalten.

Maximieren Sie die Isolierung: Sparen Sie nicht bei Isoliermaterialien. Je dicker und isolierender das Material, desto besser wird es die Wärme behalten.

Ihren Topf vorwärmen: Erwägen Sie, Ihren inneren Topf vor dem Hinzufügen Ihres Essens zu erwärmen, um einen zusätzlichen Schub an gespeicherter Wärme zu geben.

Optimale Füllstände: Füllen Sie Ihren inneren Topf bis zu einem optimalen Niveau, normalerweise etwa zwei Drittel voll. Dies stellt sicher, dass genügend Wärme um das Essen herum gespeichert ist, um ein gleichmäßiges Garen zu gewährleisten.

Ihren Behälter vorwärmen: Wärmen Sie den isolierten Behälter auf, bevor Sie Ihren heißen Topf hinzufügen. Dies kann geschehen, indem Sie für einige Minuten einen Behälter mit heißem Wasser hineinstellen und ihn dann gerade bevor Sie Ihren Kochtopf hinzufügen, entfernen.

Garzeiten anpassen: Verstehen Sie, dass die Garzeiten je nach Anfangstemperatur des Essens, der Menge des Essens und der Wirksamkeit Ihrer Isolierung variieren werden. Es kann ein paar Versuche dauern, um die richtige Zeit für verschiedene Gerichte herauszufinden.

Rezepte anpassen: Passen Sie Rezepte für längere Garzeiten und weniger Flüssigkeitsverdampfung an. Wenn ein Rezept normalerweise ein Köcheln zur Reduzierung der Flüssigkeit erfordert, verringern Sie die Flüssigkeitsmenge beim Verwenden eines Thermokochers, da es minimale Verdampfung geben wird.

Wartung und Sicherheit

Reinigung: Reinigen Sie den inneren Kochtopf regelmäßig, wie Sie es mit jedem Kochgeschirr tun würden. Der isolierte Behälter sollte trocken und sauber gehalten werden – ein schnelles Abwischen nach dem Gebrauch genügt in der Regel.

Inspektion: Überprüfen Sie regelmäßig die Isolierung auf Anzeichen von Verschleiß oder Beschädigung und ersetzen Sie Materialien bei Bedarf.

Lebensmittelsicherheit: Stellen Sie immer sicher, dass das

Essen eine sichere Temperatur erreicht, bevor Sie es in den Thermokocher legen, um das Wachstum von Bakterien zu vermeiden.

Umgang mit heißen Gegenständen: Seien Sie vorsichtig beim Umgang mit dem heißen inneren Topf und sichern Sie den Deckel immer fest, um Verschütten oder Auslaufen zu vermeiden.

8

NATÜRLICHE LÖSUN-GEN FÜR HAUSHALTSS-CHÄDLINGE

VERWENDEN SIE NATÜRLICHE MITTEL ZUR
SCHÄDLINGSBEKÄMPFUNG WIE NEEMÖL ODER
KIESELGUR

Hausgemachte Methoden zur Schädlingsbekämpfung dienen nicht nur dazu, unerwünschte Kriechtiere fernzuhalten; es geht auch darum, dies auf eine Weise zu tun, die sicher für Ihre Pflanzen und Ihre Familie ist. Stellen Sie sich vor, Sie verwenden Zutaten, die oft bereits in Ihrem Schrank vorhanden sind oder leicht in Ihrem lokalen Geschäft gefunden werden können. Für eine sichere Schädlingsbekämpfung können Sie häufig Neemöl und Kieselgur verwenden.

Neemöl ist ein Kraftpaket im Garten, bekannt für seine Fähigkeit, eine Vielzahl von Schädlingen abzuwehren. Dann gibt es noch Kieselgur, eine pulverförmige Substanz, die Wunder wirkt, indem sie Insekten physisch abhält.

Warum natürliche Schädlingsbekämpfung

wählen?

Natürliche Schädlingsbekämpfung arbeitet harmonisch mit der Umwelt zusammen, baut sich schnell ab und stellt ein minimales Risiko für Nicht-Zielarten dar. Indem Sie Zutaten wie Neemöl wählen, verwenden Sie ein Produkt, das seit Jahrhunderten sicher verwendet wird, bekannt für seine Wirksamkeit und minimalen ökologischen Fußabdruck. Kieselgur bietet eine physische Barriere gegen Schädlinge, keine giftige, und stellt sicher, dass Ihr Garten ein sicherer Ort für alle bleibt.

Häufige Zutaten und ihre Verwendung

Sich in der Welt der hausgemachten Schädlingsbekämpfung zurechtzufinden, bedeutet, einige der effektivsten, natürlichen Verbündeten in Ihrem Kampf gegen unerwünschte Garteneindringlinge kennenzulernen. Lassen Sie uns erkunden, wie sie funktionieren und was sie bekämpfen:

Neemöl

Aus dem Neembaum gewonnen, ist Neemöl ein vielseitiges und starkes organisches Pestizid und Insektenschutzmittel. Es wirkt auf verschiedene Weise: indem es die Fütterung und das Wachstum von Schädlingen hemmt, deren Lebenszyklus stört und sie mit seinem starken Geruch abwehrt. Es ist besonders wirksam gegen Blattläuse, Milben, Schildläuse und Weiße Fliegen, unter anderem. Zur Anwendung mit Wasser und etwas Seife mischen (was hilft, dass es an den Blättern haftet) und auf betroffene Pflanzen sprühen. Achten Sie darauf, es in kühleren Tageszeiten aufzutragen, um Blattverbrennungen zu vermeiden.

Kieselgur

Dieses Pulver wird aus den fossilen Überresten kleiner Wasserorganismen namens Diatomeen hergestellt. Die mikroskopisch kleinen Kanten sind scharf und abrasiv, was es für Insekten tödlich macht. Wenn sie darüber kriechen, beschädigt es ihre Exoskelette und führt dazu, dass sie austrocknen und sterben. Es ist besonders wirksam gegen Schnecken, Käfer und andere kriechende Schädlinge. Streuen Sie eine dünne Schicht um die Basis der Pflanzen oder auf die Blätter. Obwohl es für Menschen und Tiere ungiftig ist, ist es am besten, Lebensmittelqualität Kieselgur zu verwenden und das Einatmen des Staubes zu vermeiden.

Andere natürliche Zutaten

Essig: Mit seinem Essigsäuregehalt kann Essig als Herbizid wirken. Bei direkter Anwendung kann er helfen, Unkraut zu bekämpfen, aber seien Sie vorsichtig, da er auch Ihre Pflanzen schädigen kann.

Ätherische Öle: Viele Schädlinge werden durch die starken Düfte bestimmter ätherischer Öle abgeschreckt. Pfefferminze, Eukalyptus und Zitronengras können Ameisen, Spinnen und sogar Nagetiere abwehren. Mischen Sie ein paar Tropfen mit Wasser und sprühen Sie die betroffenen Bereiche ein.

Seifenlösung: Eine einfache Mischung aus natürlicher Seife und Wasser kann ein wirksames Insektizid gegen eine Vielzahl von Schädlingen sein. Die Seife erstickt die Schädlinge, indem sie deren schützende Wachsschicht abbaut. Verwenden Sie eine milde, natürliche Seife, um Schäden an Pflanzen zu vermeiden.

Denken Sie daran, der Schlüssel zur Schädlingsbekämpfung ist regelmäßige Überwachung und frühes Eingreifen. Halten Sie ein Auge auf Ihre Pflanzen und beim ersten Anzeichen von Problemen greifen Sie zu diesen natürlichen Lösungen.

Herstellung Ihrer hausgemachten Schädlingsbekämpfungslösungen

Hier sind einige Rezepte und Tipps zur Vorbereitung effektiver Mittel gegen eine Vielzahl von Schädlingen:

Neemöl-Spray

Für eine breite Palette von Insekten, einschließlich Blattläusen, Milben und Schildläusen:

Mischen Sie 2 Teelöffel Neemöl mit 1 Teelöffel mildem Flüssigseife.

Fügen Sie diese Mischung zu 0,95 Liter Wasser hinzu und rühren Sie gut um.

Gießen Sie die Mischung in eine Sprühflasche und tragen Sie sie großzügig auf die betroffenen Bereiche der Pflanzen auf, so dass alle Oberflächen bedeckt sind.

Wenden Sie es alle 1-2 Wochen oder nach starkem Regen an.

Anwendung von Kieselgur

Für Schnecken, Käfer und andere kriechende Schädlinge:

Stellen Sie sicher, dass Sie lebensmittelechtes Kieselgur verwenden.

Streuen Sie leicht eine dünne Schicht um die Basis der Pflanzen oder direkt auf den Boden, wo Schädlinge gesehen werden.

Für blattfressende Insekten eine feine Schicht auf das Laub streuen.

Wenden Sie es nach Regen oder Bewässerung erneut an, da es trocken sein muss, um wirksam zu sein.

Essiglösung

Für Unkraut und kleine Pilzprobleme:

Mischen Sie 1 Teil Wasser mit 1 Teil Essig.

Für hartnäckiges Unkraut verwenden Sie unverdünnten Essig.

Tragen Sie es direkt auf das Unkraut oder die von Schimmel und Pilzen befallenen Bereiche auf. Seien Sie vorsichtig, um gewünschte Pflanzen zu vermeiden, da es ihnen schaden kann.

Verwenden Sie es an einem sonnigen Tag für die beste Wirkung, da die Sonne den Essig aktiviert.

Ätherisches Öl-Abwehrmittel

Um eine Vielzahl von Insekten und kleinen Nagetieren abzuwehren:

Wählen Sie ätherische Öle wie Pfefferminz, Zitronengras oder Eukalyptus.

Mischen Sie 10-15 Tropfen ätherisches Öl mit 0,95 Liter Wasser.

Fügen Sie einen Spritzer Flüssigseife hinzu, um die Mischung an Oberflächen haften zu lassen.

Sprühen Sie um die betroffenen Bereiche oder potenzielle Eingangspunkte für Schädlinge herum.

Wenden Sie es wöchentlich und nach Regen erneut an.

Seifenspray

Für eine Vielzahl von weichhäutigen Insekten wie Blattläuse,

Wollläuse und Spinnmilben:

Mischen Sie 1,5 Teelöffel milde Flüssigseife mit 0,95 Liter Wasser.

Rühren Sie vorsichtig um und gießen Sie es in eine Sprühflasche.

Besprühen Sie die betroffenen Pflanzen gründlich, insbesondere die Unterseiten der Blätter, wo sich Schädlinge verstecken.

Wiederholen Sie die Anwendung alle paar Tage, bis die Schädlinge verschwunden sind.

Tipps für eine effektive Anwendung und Häufigkeit

Testen Sie immer zuerst einen kleinen Teil der Pflanze, bevor Sie eine Lösung auf die gesamte Pflanze auftragen. Warten Sie 24-48 Stunden, um auf negative Reaktionen zu überprüfen.

Wenden Sie Sprays am frühen Morgen oder späten Nachmittag an, um die heiße Sonne zu vermeiden, die Pflanzen verbrennen kann, insbesondere wenn sie nass sind.

Seien Sie konsequent und geduldig. Natürliche Mittel erfordern oft regelmäßige Anwendung und Zeit, um Ergebnisse zu sehen.

Behalten Sie die Pflanzen genau im Auge, um Anzeichen von Schädlingen zu erkennen, und handeln Sie umgehend. Frühes Eingreifen ist der Schlüssel zur Verhinderung von Befall.

Ob Sie nun mit einem plötzlichen Blattlausangriff oder einem andauernden Kampf gegen Schnecken konfrontiert sind, diese Rezepte rüsten Sie mit den Werkzeugen aus, die Sie benötigen, um Ihren Garten gesund und blühend zu halten.

Integrierte Schädlingsmanagementstrategien

Integriertes Schädlingsmanagement (Integrated Pest Management, IPM) ist ein ganzheitlicher Ansatz, der verschiedene Strategien kombiniert, um Schädlinge effektiv und nachhaltig zu managen. Es geht nicht nur darum, auf Schädlinge zu reagieren; es geht darum, eine Umgebung zu schaffen, die weniger förderlich für ihre Vermehrung ist. So können Sie IPM-Strategien mit Ihren hausgemachten Lösungen integrieren:

Kombination von hausgemachten Lösungen mit physischen Barrieren

Netze und Reihenabdeckungen: Schützen Sie Ihre Pflanzen mit physischen Barrieren. Feine Netze oder Reihenabdeckungen können verhindern, dass Schädlinge Ihre Pflanzen erreichen, während sie gleichzeitig Licht und Wasser durchlassen.

Fallen: Verwenden Sie Fallen für spezifische Schädlinge. Klebefallen können fliegende Insekten fangen, während Köderfallen für Schnecken und Schnecken effektiv sein können.

Gartenpraktiken

Fruchtfolge: Ändern Sie jedes Jahr, wo Sie bestimmte Arten von Kulturen pflanzen, um die Lebenszyklen von Schädlingen zu stören, die bestimmte Pflanzen bevorzugen.

Mischkultur: Einige Pflanzen können Schädlinge natürlich abwehren und können neben anfälligeren Kulturen als Schutzmaßnahme gepflanzt werden.

Regelmäßige Reinigung: Entfernen Sie Pflanzenreste und kranke Pflanzen umgehend. Sauberkeit kann die Schädlingspopulationen erheblich reduzieren, indem sie deren Lebensräume und Nahrungsquellen entfernen.

Verständnis von Schädlingslebenszyklen

Lernen Sie die in Ihrer Gegend häufigen Schädlinge kennen und verstehen Sie ihre Lebenszyklen. Wenn Sie wissen, wann Schädlinge am anfälligsten oder am aktivsten sind, können Sie Ihre Eingriffe für maximale Wirkung zeitlich abstimmen.

Überwachen Sie den Garten regelmäßig auf Anzeichen von Schädlingen. Eine frühe Erkennung ist der Schlüssel zur Verhinderung kleiner Probleme, die sich zu großen Befall entwickeln könnten.

Implementierung von präventiven Maßnahmen

Pflegen Sie gesunden Boden mit guter Fruchtbarkeit und Feuchtigkeitsmanagement. Gesunde Pflanzen sind weniger anfällig für Schädlinge.

Fördern Sie natürliche Fressfeinde in Ihrem Garten, wie Marienkäfer, Florfliegen und Vögel, indem Sie Lebensräume bereitstellen und den Einsatz von Breitband-Pestiziden vermeiden.

Indem Sie diese IPM-Strategien einbeziehen, bekämpfen Sie nicht nur Schädlinge; Sie kultivieren ein widerstandsfähiges Gartenökosystem. Mit IPM wird Schädlingsmanagement weniger zu einem ständigen Kampf und mehr zu einer intelligenten, nachhaltigen Bewirtschaftung.

Sicherheit und Vorsichtsmaßnahmen

Obwohl natürliche Mittel zur Schädlingsbekämpfung im Allgemeinen sicherer sind als chemische Alternativen, ist es wichtig, sie sorgfältig zu handhaben und anzuwenden. Tragen Sie immer Handschuhe, wenn Sie mit Substanzen wie Neemöl oder Kieselgur arbeiten, und vermeiden Sie das Einatmen von

Pulvern. Beim Herstellen und Auftragen von Sprays tun Sie dies in einem belüfteten Bereich und vermeiden Sie direkten Kontakt mit Ihrer Haut und Ihren Augen. Es ist auch entscheidend, alle hausgemachten Schädlingsbekämpfungslösungen deutlich zu kennzeichnen und außer Reichweite von Kindern und Haustieren aufzubewahren.

Wenn Sie diese Mittel in Garten oder Haus verwenden, berücksichtigen Sie die Anwesenheit von Haustieren und Kindern. Stellen Sie sicher, dass die Anwendungsstellen unzugänglich sind oder tragen Sie die Mittel zu Zeiten auf, wenn das Expositionsrisiko minimal ist. Informieren Sie Familienmitglieder darüber, was und warum Sie es verwenden, und betonen Sie, keine zur Schädlingsbekämpfung verwendeten Substanzen zu berühren oder zu schlucken.

Fehlerbehebung und Anpassung Ihres Ansatzes

Auch mit der besten Vorbereitung können Probleme mit Ihren natürlichen Schädlingsbekämpfungsmethoden auftreten. Wenn Sie nicht die gewünschten Ergebnisse sehen, überdenken Sie zunächst die Anwendungshäufigkeit und stellen Sie sicher, dass Sie das Mittel zu optimalen Zeiten auftragen, wie z. B. am frühen Morgen oder späten Abend. Überprüfen Sie, ob die Konzentration Ihrer Lösung angemessen ist; manchmal könnte eine stärkere oder schwächere Lösung effektiver sein. Denken Sie auch daran, dass Umweltfaktoren wie Regen Ihre Anwendungen wegwaschen können. Zögern Sie nicht, Methoden zu wechseln oder verschiedene Strategien zu kombinieren, wenn eine nicht funktioniert. Schädlingsbekämpfung erfordert oft einen flexiblen, beobachtenden Ansatz, bereit, sich an wechselnde Bedingungen und Schädlingsverhaltensweisen anzupassen.

9

KRÄUTERGÄRTEN IN EIN-MACHGLÄSERN

VERWENDEN SIE EINMACHGLÄSER, UM EINEN
KOMPAKTEN KRÄUTERGARTEN FÜR DEN
INNENBEREICH ZU SCHAFFEN

Stellen Sie sich eine kleine grüne Oase direkt auf Ihrer Fenster-bank oder Küchenarbeitsplatte vor, gefüllt mit Kräutern, die nur darauf warten, gepflückt und zu Ihren Lieblingsgerichten hinzugefügt zu werden. Kräutergärten in Einmachgläsern bieten eine kompakte Lösung für den Anbau von Kräutern im Innen-bereich.

Ob Sie in einer Wohnung mit begrenztem Platz leben oder ein-fach die Idee eines Mini-Gartens lieben, Einmachgläser bieten das perfekte Gefäß für Ihre kulinarischen Grünpflanzen. Sie sind einfach einzurichten, vielseitig und fügen jedem Raum einen Hauch von Grün hinzu. Außerdem gibt es etwas Befriedigendes daran, Kräuter zu verwenden, die man selbst angebaut hat.

Auswahl Ihrer Kräuter

Die richtige Auswahl der Kräuter ist entscheidend für einen

gedeihenden Mini-Garten. Die gute Nachricht ist, dass viele Kräuter gut geeignet sind, um in begrenzten Räumen zu wachsen und in Ihren Gläsern zu gedeihen.

Geeignete Kräuter für den Anbau in Einmachgläsern

Basilikum: Basilikum ist ein Favorit für Gärten in Einmachgläsern. Es benötigt viel Sonnenlicht und regelmäßiges Ernten, um buschig zu bleiben.

Minze: Kräftig und einfach zu züchten, ist Minze perfekt für Anfänger.

Koriander: Wenn Sie frische Salsa lieben, kann Koriander eine großartige Ergänzung für Ihren Kräutergarten im Glas sein. Er genießt kühlere Temperaturen und viel Licht.

Petersilie: Sowohl krause als auch glatte Sorten gedeihen gut in Gläsern.

Schnittlauch: Mit ihrem Zwiebelgeschmack sind Schnittlauch sowohl dekorativ als auch köstlich. Sie sind robust und wachsen gut bei mäßigem Licht.

Tipps zur Auswahl von Kräutern

Berücksichtigen Sie das Sonnenlicht: Bevor Sie Ihre Kräuter auswählen, berücksichtigen Sie die Menge an Sonnenlicht, die Ihr Raum erhält. Kräuter wie Basilikum und Koriander benötigen einen sonnigen Platz, während andere möglicherweise auch in weniger lichtintensiven Bedingungen gut gedeihen.

Denken Sie an den Geschmack: Wählen Sie Kräuter, die Sie gerne zum Kochen verwenden. Wenn Sie ein Fan der italienischen Küche sind, könnten Basilikum und Petersilie Ihre Favoriten sein. Lieben Sie Tee? Dann könnte Minze perfekt sein.

Verstehen Sie Ihren Raum: Seien Sie realistisch, wie viele Gläser und Pflanzen Ihr Raum aufnehmen kann. Es ist besser, ein paar gesunde Pflanzen zu haben, als zu viele, die zusammengepfercht sind.

Beschaffung der Materialien

Hier ist, was Sie benötigen, um Ihren Innenraumgarten zu starten:

Einmachgläser: Sie können jede Größe verwenden, aber Ein-Liter-Gläser sind in der Regel am vielseitigsten. Gläser mit breiter Öffnung sind einfacher zu bepflanzen und zu ernten.

Boden: Eine hochwertige Blumenerde ist für gesunde Kräuter unerlässlich. Suchen Sie nach einer Mischung, die gut entwässernd und nährstoffreich ist, geeignet für den Anbau in Behältern.

Samen oder Starterpflanzen: Entscheiden Sie, ob Sie von Samen starten möchten oder Starterpflanzen aus Ihrer örtlichen Gärtnerei verwenden möchten. Samen können länger zum Wachsen brauchen, aber sie zu beobachten, wie sie sprießen, ist Teil des Spaßes!

Kies oder Kieselsteine: Diese sind entscheidend für die Entwässerung am Boden Ihrer Gläser. Sie helfen, das Wasser von den Wurzeln fernzuhalten, was Fäulnis verursachen kann.

Beim Auswählen Ihrer Einmachgläser sollten Sie die ausgewachsene Größe der Kräuter berücksichtigen, die Sie anbauen möchten. Größere Kräuter wie Basilikum könnten in einem größeren Glas glücklicher sein, während kleinere Kräuter wie

Thymian in etwas Kleinerem gedeihen können. Transparente Gläser machen es einfach, die Feuchtigkeitsniveaus im Boden im Auge zu behalten, aber wenn Sie sich über Algenwachstum sorgen oder einfach einen anderen Look bevorzugen, können Sie die Außenseite Ihrer Gläser anmalen oder dekorieren. Denken Sie nur daran, egal welche Größe oder Art von Glas Sie wählen, Sauberkeit ist entscheidend, also stellen Sie sicher, dass Sie mit Gläsern beginnen, die gründlich gewaschen und getrocknet sind.

Vorbereitung

Jetzt, da Sie Ihre Materialien gesammelt haben, ist es Zeit, Ihre Einmachgläser für die Bepflanzung vorzubereiten:

1. Reinigen Sie Ihre Gläser: Beginnen Sie mit sauberen, trockenen Gläsern. Waschen Sie sie in Seifenwasser und spülen Sie sie gründlich aus. Dieser Schritt hilft, Schimmel oder Bakterien von Ihren Kräutern fernzuhalten.

2. Drainage schaffen: Fügen Sie eine 2,5-5 cm dicke Schicht Kies oder Kieselsteine am Boden jedes Glases hinzu. Diese Schicht hilft, das Wasser von den Wurzeln abzuleiten, um Wurzelfäule zu verhindern.

3. Boden hinzufügen: Füllen Sie die Gläser mit Blumenerde und lassen Sie einen Zentimeter Platz unter dem Rand. Dieser Raum bietet Platz für die Bewässerung und verhindert, dass die Erde ausläuft.

4. Pflanzen Sie Ihre Kräuter

Samen: Wenn Sie mit Samen beginnen, streuen Sie einige auf die Oberfläche der Erde und bedecken Sie sie mit einer dünnen Erdschicht. Wasser vorsichtig, um die Erde zu befeuchten, ohne die Samen zu stören. Halten Sie die Erde feucht, bis die Samen keimen.

Starterpflanzen: Entfernen Sie die Pflanze vorsichtig aus ihrem Behälter und lockern Sie die Wurzeln. Machen Sie ein Loch in die Erde Ihres Einmachglases, das groß genug ist, um den Wurzelballen aufzunehmen. Platzieren Sie die Pflanze in das Loch und drücken Sie die Erde sanft um sie herum. Bewässern Sie unmittelbar nach dem Pflanzen, um die Erde um die Wurzeln zu festigen.

Drainage ist der Schlüssel in einem Kräutergarten in Einmachgläsern, da im Gegensatz zu traditionellen Töpfen Einmachgläser keine Abflusslöcher haben. Die Schicht aus Kies oder Kieselsteinen am Boden ist entscheidend, um zu verhindern, dass Wasser um die Wurzeln herum steht. Seien Sie außerdem beim Gießen achtsam; es ist besser, wenig und oft zu gießen und sicherzustellen, dass die Erde feucht, aber nicht wassergesättigt ist. Überbewässerung ist ein häufiges Problem im Behältergartenbau, besonders in nicht entwässernden Behältern, also achten Sie genau auf die Bodenfeuchtigkeit.

Pflege Ihrer Kräuter

Die Pflege Ihrer Kräuter in Einmachgläsern ist eine freudige Reise voller kleiner Wundermomente, wenn Sie zusehen, wie Ihr Grün wächst. So stellen Sie sicher, dass Ihr Mini-Garten gedeiht:

Bewässerung

Kräutergärten in Einmachgläsern haben keine Abflusslöcher, daher ist es entscheidend, sparsam zu gießen, um Staunässe zu vermeiden. Überprüfen Sie die Bodenfeuchtigkeit, indem Sie Ihren Finger etwa einen Zentimeter tief hineinstecken. Gießen Sie nur, wenn der oberste Zentimeter Erde trocken anfühlt.

Wenn Sie gießen, tun Sie dies langsam und stetig, bis Sie durch das Glas am Boden Feuchtigkeit in der untersten Kieselschicht sehen können, was darauf hindeutet, dass die gesamte Bodensäule bewässert wurde.

Betrachten Sie die Verwendung einer Sprühflasche für sanftes Gießen, insbesondere für junge, empfindliche Pflanzen.

Sonnenlicht

Die meisten Kräuter gedeihen in hellem, indirektem Licht. Ein sonniges Fensterbrett, das mindestens 6 Stunden Sonnenlicht täglich erhält, ist ideal.

Drehen Sie Ihre Gläser regelmäßig, um sicherzustellen, dass alle Seiten der Pflanze gleichmäßiges Licht erhalten, was ein gleichmäßiges Wachstum fördert.

Wenn natürliches Licht begrenzt ist, sollten Sie die Verwendung eines Pflanzenlichts in Betracht ziehen, um Ihre Kräuter zufrieden zu stellen.

Allgemeine Pflegetipps

Achten Sie auf Anzeichen von Stress, wie gelbe Blätter oder gestörtes Wachstum. Dies könnte auf Überwässerung, zu wenig Licht oder Nährstoffmangel zurückzuführen sein.

Düngen Sie Ihre Kräuter alle paar Wochen mit einem verdünnten Flüssigdünger, um Nährstoffe im Boden aufzufüllen.

Wenn sich aufgrund der Lichtexposition Algen an der Innenseite des Glases bilden, können Sie das Glas mit Stoff abdecken oder die Außenseite anmalen, um Licht zu blockieren und dennoch die Möglichkeit zu haben, den Deckel abzunehmen und die Bodenfeuchtigkeit zu überprüfen.

Beschneiden und Ernten

Regelmäßiges Beschneiden fördert buschigeres, volleres Wachstum. Schneiden Sie die obersten Blätter und Stiele mit einer sauberen Schere ab oder kneifen Sie sie einfach mit Ihren Fingern ab.

Lassen Sie immer mehrere Blattsätze an der Pflanze, damit sie weiterhin Photosynthese betreiben und wachsen kann.

Ernten Sie Ihre Kräuter regelmäßig, aber mäßig. Zu viel auf einmal zu nehmen, kann die Pflanze stressen und ihr Wachstum verlangsamen.

Für eine kontinuierliche Ernte ziehen Sie in Betracht, alle paar Wochen neue Samen zu pflanzen, sodass, wenn ein Glas zu schwächeln beginnt, ein anderes seinen Höhepunkt erreicht.

Behebung gängiger Probleme

Auch bei bester Pflege können in Ihrem Kräutergarten in Einmachgläsern einige Probleme auftreten. Hier sind einige häufige Probleme und wie man sie angeht:

Unzureichendes Wachstum

Licht: Stellen Sie sicher, dass Ihre Kräuter genügend Licht bekommen. Wenn sie langbeinig oder blass sind, benötigen sie möglicherweise mehr Sonnenlicht. Bewegen Sie sie an einen sonnigeren Platz oder verwenden Sie ein Pflanzenlicht.

Nährstoffe: Wenn das Wachstum langsam ist und die Blätter vergilben, könnten Ihre Kräuter hungrig sein. Düngen Sie sie alle paar Wochen mit einem verdünnten Flüssigdünger.

Wurzelraum: Mit dem Wachstum der Pflanzen können sie wurzelgebunden werden. Wenn das Wachstum dramatisch verlangsamt, erwägen Sie, sie in ein größeres Glas umzupflanzen oder die Wurzeln leicht zu beschneiden und neu zu pflanzen.

Schädlinge und Krankheiten

Schädlinge: Halten Sie Ausschau nach Schädlingen wie Blattläusen oder Spinnmilben. Wenn Sie welche entdecken, versuchen Sie ein sanftes Besprühen mit Seifenwasser oder Neemöl auf den betroffenen Bereichen.

Krankheiten: Überwässerung kann zu Pilzkrankheiten führen. Stellen Sie sicher, dass die Erde gut entwässert und Sie nicht zu viel gießen. Entfernen Sie kranke Blätter umgehend, um eine Ausbreitung zu verhindern.

Kreative Ideen

Ihr Kräutergarten in Einmachgläsern ist ein funktionales Stück lebender Kunst, und es gibt viele Möglichkeiten, persönliche Akzente zu setzen:

Etiketten: Verwenden Sie stilvolle Etiketten oder Anhänger, um jedes Kraut zu kennzeichnen. Sie können mit einem Kreidemarker direkt auf das Glas schreiben, hängende Tags verwenden oder sogar die Namen direkt auf die Gläser malen.

Dekorative Steine: Fügen Sie eine Schicht dekorativer Steine oder farbiger Kieselsteine hinzu, um einen Farbtupfer zu setzen und die Feuchtigkeit zu halten.

Bemalte Gläser: Verpassen Sie Ihren Gläsern mit etwas ungiftiger Farbe ein Makeover. Ob ein vollständiger Anstrich, einige Muster oder einfach nur das Bemalen der unteren Hälfte, es wird einen einzigartigen Touch hinzufügen und gleichzeitig helfen,

Licht abzuschirmen und Algenwachstum zu verhindern.

Anordnung: Spielen Sie mit der Anordnung Ihrer Gläser. Sie zusammen zu gruppieren kann ein üppiges, gartenähnliches Gefühl schaffen. Erwägen Sie die Verwendung eines gestuften Regals oder hängen Sie sie mit Makramee-Hängern auf unterschiedlichen Ebenen für einen vertikalen Garteneffekt.

10

SONNENGETROCKNETE LEBENSMITTELKONSER- VIERUNG

BAUEN SIE EINEN SONNENTROCKNER, UM OBST
UND GEMÜSE ZU KONSERVIEREN

Historisch gesehen verließen sich unsere Vorfahren auf die Sonne, um Lebensmittel zum Zwecke der Konservierung zu trocknen, und heute entdecken wir diese Methode als perfektes Gegenmittel zur modernen Wegwerfkultur wieder. Sonnentrockner erleben ein Comeback, nicht nur als Hommage an die Tradition, sondern als praktische, energieeffiziente Lösung. Sie konservieren nicht nur Lebensmittel; sie schließen Aromen und Nährstoffe ein und verwenden dabei null Elektrizität.

Wie funktioniert es?

Im Kern ist die Dehydration eine einfache, aber effektive Methode zur Konservierung von Lebensmitteln. Durch die Entfernung von Feuchtigkeit stoppt sie das Wachstum von Bakterien, Hefen und Schimmelpilzen, die Lebensmittel verderben. Die meisten Mikroorganismen benötigen Wasser zum Überleben, und indem man den Wassergehalt in Lebensmitteln verringert, schafft man im Grunde eine Umgebung, in der sie nicht überleben können. Das Ergebnis? Haltbare Lebensmittel, die einen Großteil ihrer ursprünglichen Nährstoffe und Aromen behalten.

Ein Sonnentrockner nutzt die Energie der Sonne, um die Temperatur in einer Trockenkammer zu erhöhen. Wenn die Luft sich erwärmt, zirkuliert sie um die Lebensmittel, zieht Feuchtigkeit heraus und transportiert sie weg. Es geht aber nicht nur um Wärme; ein ordnungsgemäßer Luftstrom ist entscheidend, um die feuchte Luft zu entfernen und trockene Luft einzubringen, um den Prozess effizient fortzusetzen.

Es ist eine saubere, kostengünstige Methode, Lebensmittel zu trocknen, und reduziert die Abhängigkeit von elektrischen Trocknern. Außerdem ist es ein schonender Prozess, der oft zu qualitativ hochwertigeren getrockneten Lebensmitteln führt, mit besserer Farb-, Geschmacks- und Nährstofferhaltung.

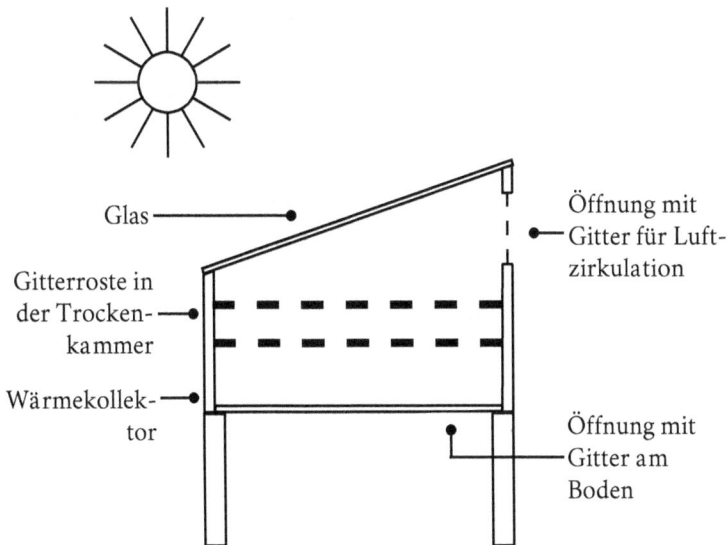

Glas

Öffnung mit Gitter für Luftzirkulation

Gitterroste in der Trockenkammer

Wärmekollektor

Öffnung mit Gitter am Boden

Ihren Trockner entwerfen

Es gibt verschiedene Modelle zur Auswahl, jedes mit seinen eigenen Vorteilen. Die gängigsten Typen sind der Kastentrockner, der einem großen Holzkasten mit einer klaren Oberseite zum Einlassen des Sonnenlichts ähnelt, und die kompakteren, tragbaren Paneeltrockner. Einige Enthusiasten erstellen sogar Hybrid-Designs, indem sie Elemente aus verschiedenen Modellen kombinieren, um ihren Bedürfnissen zu entsprechen.

Faktoren für das Design

Größe: Überlegen Sie, wie viel Essen Sie gleichzeitig trocknen möchten. Eine größere Familie könnte einen größeren Trockner benötigen, während ein kleinerer für gelegentlichen Gebrauch oder begrenzten Platz ausreichen könnte.

Materialien: Die meisten Sonnentrockner bestehen aus Holz oder Sperrholz, mit Metalltabletts zum Halten der Lebensmittel. Die Abdeckung sollte ein transparentes, hitzebeständiges Material wie Glas oder klares Polycarbonat sein, um Sonnenlicht einzulassen.

Standort: Der beste Platz für Ihren Trockner ist einer, der während des Tages für die längste Zeit maximales Sonnenlicht erhält. Südlich ausgerichtete Standorte funktionieren in der nördlichen Hemisphäre in der Regel am besten.

Grundkomponenten

Wärmekollektor: Dies ist der Teil des Trockners, der Sonnenlicht einfängt und in Wärme umwandelt. Es ist typischerweise eine flache, dunkel gefärbte Oberfläche, die Solarenergie effizient absorbiert. Unter dem Kollektor sollte Platz sein, damit Luft zirkulieren und sich erwärmen kann, bevor sie in die Trockenkammer strömt.

Trockenkammer: Hier wird das Essen auf Gittertabletts platziert. Die Kammer sollte so konzipiert sein, dass sie den Luftstrom um das Essen maximiert und so eine gleichmäßige Trocknung gewährleistet. Das Innere sollte dunkel und aus ungiftigen, wärmeabsorbierenden Materialien gefertigt sein.

Lüftungsöffnungen: Eine ordnungsgemäße Belüftung ist entscheidend. Lüftungsöffnungen oder Öffnungen befinden sich typischerweise am unteren Ende des Wärmekollektors und an der Oberseite der Trockenkammer. Diese Anordnung schafft einen natürlichen Konvektionsstrom, der kühle Luft von unten anzieht, erwärmt und dann durch die Kammer aufsteigen lässt, wobei Feuchtigkeit abtransportiert wird.

Gittertabletts: Diese halten das Essen. Sie sind oft aus Edelstahl oder lebensmittelechtem Kunststoff gefertigt. Das Design sollte eine maximale Exposition des Essens zur warmen, trockenen Luft ermöglichen.

Beim Entwerfen Ihres Solartrockners sollten Sie Ihre persönlichen Bedürfnisse, das Klima, in dem Sie leben, und die Ihnen zur Verfügung stehenden Ressourcen berücksichtigen. Mit Planung und etwas DIY-Geist sind Sie auf dem besten Weg, selbst getrocknete Leckereien aus Ihrem eigenen Solartrockner zu genießen.

Bau Ihres Trockners

Ihren eigenen Solartrockner zu bauen, ist ein lohnendes DIY-Projekt, das Ihnen eine nachhaltige Möglichkeit bietet, Lebensmittel zu konservieren. Denken Sie daran, dass dieser Leitfaden nur ein Ausgangspunkt ist, da spezifische Größen-

und Maßempfehlungen nicht gegeben werden; wir ermutigen Sie, Ihre Kreativität durch die Gestaltung eines Trockners, der einzigartig auf Ihren Raum und Ihre Bedürfnisse zugeschnitten ist, zum Strahlen zu bringen.

Hier ist eine grundlegende Anleitung zum Bau eines einfachen Trockners:

Benötigte Materialien:

- Holz oder Sperrholz für den Rahmen

- Polycarbonat oder Glas für die Abdeckung

- Dunkel gefärbtes Metallblech oder schwarze Farbe für den Wärmekollektor

- Edelstahlgitter oder lebensmittelechtes Kunststoffgitter für die Tabletts

- Schrauben und Nägel für die Montage

- Ungiftige Farbe oder Lack für die Oberflächenveredelung

- Gitter für die Abdeckung von Lüftungsöffnungen oder Öffnungen

- Werkzeuge zum Schneiden und Zusammenbauen (Säge, Schraubendreher usw.)

Schritt-für-Schritt-Anleitung:

1. Entwerfen Sie Ihren Trockner: Wählen Sie ein Design, das Ihren Bedürfnissen entspricht – ein Kasten- oder Paneelmodell ist ein guter Start. Skizzieren Sie Ihr Design und notieren Sie Abmessungen und benötigte Materialien.

2. Materialien sammeln: Sammeln Sie alle notwendigen Mate-

rialien, einschließlich Holz für den Rahmen, Polycarbonat oder Glas für die Abdeckung, Metall für die Tabletts, Schrauben, Nägel und ungiftige Farbe oder Lack.

3. Bauen Sie den Rahmen: Schneiden Sie das Holz auf die gewünschten Abmessungen für die Seiten, den Boden und die Oberseite des Trockners zu. Montieren Sie den Rahmen mit Schrauben oder Nägeln und stellen Sie sicher, dass er stabil und rechtwinklig ist.

4. Erstellen Sie den Wärmekollektor: Befestigen Sie ein dunkel gefärbtes Metallblech oder streichen Sie die untere Innenfläche schwarz, um Wärme zu absorbieren. Stellen Sie sicher, dass es Lüftungsöffnungen oder Öffnungen unterhalb des Kollektors gibt, damit Luft eintreten und sich erwärmen kann.

5. Fügen Sie die Trockenkammer hinzu: Konstruieren oder passen Sie ein Fach über dem Wärmekollektor an, um die Essenstabletts zu halten. Stellen Sie sicher, dass es gut abgedichtet ist, aber Luftzirkulation mit Lüftungsöffnungen oder Öffnungen oben ermöglicht.

6. Installieren Sie Gittertabletts: Erstellen oder kaufen Sie Tabletts, die in die Trockenkammer passen. Sie sollten leicht ein- und ausgeschoben werden können.

7. Abdeckung mit transparentem Material: Verschließen Sie die Oberseite des Trockners mit einer durchsichtigen Abdeckung, um Sonnenlicht hereinzulassen. Verwenden Sie Schrauben, um die Abdeckung zu befestigen und sicherzustellen, dass sie dicht und wetterfest ist.

8. Lüftungsöffnungen oder Öffnungen mit Gitter abdecken: Installieren Sie Gitter über den Lüftungsöffnungen oder Öffnungen am Boden des Wärmekollektors und an der Oberseite

der Trockenkammer, um zu verhindern, dass Insekten eindringen.

9. Letzte Handgriffe: Tragen Sie einen ungiftigen Lack oder Farbe auf, um das Holz zu schützen und das Aussehen des Trockners zu verbessern.

Überprüfen Sie, ob alle Komponenten sicher sind und der Trockner stabil steht.

Tipps für effektive Montage und Maximierung der Sonneneinstrahlung

Ausrichtung: Positionieren Sie Ihren Trockner so, dass er auf den Sonnenverlauf ausgerichtet ist – im Allgemeinen nach Süden – um die Exposition zu maximieren.

Winkel: Berücksichtigen Sie den Winkel der Abdeckung des Trockners. Die Anpassung des Winkels entsprechend Ihrer geografischen Breite kann die Solarabsorption verbessern.

Luftstrom: Stellen Sie sicher, dass ein guter Luftstrom durch den Trockner für effizientes Trocknen gewährleistet ist. Die Luft sollte kühl am Boden eintreten, sich erwärmen und oben warm und feucht austreten.

Sicherheitsüberlegungen

Materialsicherheit: Verwenden Sie Materialien, die sicher für den Kontakt mit Lebensmitteln und der Einwirkung hoher Temperaturen sind.

Stabilität: Stellen Sie sicher, dass der Trockner stabil ist und nicht im Wind umkippen kann.

Werkzeugsicherheit: Verwenden Sie Handschuhe, Schutzbrillen

und andere Schutzausrüstungen beim Schneiden von Holz oder Metall und beim Zusammenbau des Trockners.

Mit diesen Schritten und Überlegungen erstellen Sie ein funktionales Werkzeug, das Lebensmittel mit der sauberen, erneuerbaren Energie der Sonne trocknet.

Lebensmittel für die Dehydration vorbereiten

Lebensmittel zu trocknen ist eine großartige Möglichkeit, den Reichtum Ihres Gartens oder lokalen Marktes zu konservieren. Die Vorbereitung ist jedoch entscheidend, um die besten Ergebnisse zu erzielen. So bereiten Sie Ihr Obst und Gemüse für die Dehydration vor:

Auswahl der richtigen Früchte und Gemüse

Frische ist wichtig: Wählen Sie reife, qualitativ hochwertige Produkte. Frische Früchte und Gemüse sind ideale Kandidaten, wie Äpfel, Beeren, Trauben, Tomaten und Paprika.

Berücksichtigen Sie Sorten: Einige Sorten trocknen besser als andere. Zum Beispiel haben Roma-Tomaten weniger Feuchtigkeit und eignen sich hervorragend zum Trocknen, während bestimmte Apfelsorten ihren Geschmack gut behalten, wenn sie getrocknet werden.

Vorbehandlung

Blanchieren: Gemüse wie Karotten, Erbsen und Brokkoli profitieren von einem schnellen Blanchieren in kochendem Wasser, gefolgt von einem Eisbad. Dieser Prozess hilft, Farbe, Geschmack und Nährstoffe beim Trocknen zu bewahren.

Eintauchen: Früchte, die zum Braunwerden neigen, wie Äpfel, Birnen und Pfirsiche, können in eine Mischung aus Zitronensaft und Wasser (oder reiner Ascorbinsäure) getaucht werden, um Oxidation zu verhindern.

Sirup-Blanchieren: Für eine süßere Behandlung und um die Farbe zu bewahren, können einige Früchte in einer leichten Siruplösung blanchiert werden.

Schneiden und Anordnen

Dicke: Schneiden Sie Früchte und Gemüse in gleichmäßige, dünne Scheiben oder Streifen. Eine Dicke von etwa 6 mm ist in der Regel ideal, um Trocknungszeit und Textur auszugleichen.

Konsistenz: Halten Sie Größe und Dicke gleichmäßig, um ein gleichmäßiges Trocknen zu gewährleisten. Verwenden Sie einen Mandolinenschneider oder ein scharfes Messer für gleichmäßige Scheiben.

Anordnung: Legen Sie die Scheiben in einer einzelnen Schicht auf die Trocknertabletts an, sodass keine der Stücke überlappen oder sich berühren. Dies ermöglicht es der Luft, frei um jedes Stück zu zirkulieren und fördert ein gleichmäßiges Trocknen.

Ihr Obst und Gemüse richtig vorzubereiten, kann einen großen Einfluss auf die Qualität Ihrer getrockneten Lebensmittel haben. Richtig ausgewählte, vorbehandelte und geschnittene Lebensmittel trocknen effizienter und behalten eine bessere Farbe, Textur und Geschmack.

Verwendung und Pflege Ihres Trockners

Hier sind einige bewährte Praktiken, um sicherzustellen, dass Sie das Beste aus Ihrem solargetriebenen Trockner herausholen:

Beladen und Überwachen

Ordnen Sie Ihre vorbereiteten Scheiben gleichmäßig auf den Tabletts an, ohne dass sie sich überlappen. Je mehr Platz jedes Stück hat, desto besser kann die Luft zirkulieren und desto schneller werden sie trocknen.

Überwachen Sie den Fortschritt während des Tages, insbesondere die ersten Male, wenn Sie den Trockner verwenden. Überprüfen Sie, wenn möglich, die Temperatur- und Feuchtigkeitswerte, da diese Ihnen eine Vorstellung davon geben, wie schnell das Essen trocknet.

Drehen Sie gelegentlich die Gittertabletts, um ein gleichmäßiges Trocknen zu gewährleisten, insbesondere wenn Ihr Trockner heiße Stellen oder Bereiche mit weniger Luftstrom hat.

Trockenheit bestimmen

Die Trockenheit von Lebensmitteln kann je nach Vorliebe und beabsichtigter Verwendung variieren. Im Allgemeinen sollten Früchte biegsam, aber nicht klebrig sein, während Gemüse spröde oder knackig sein sollte.

Um zu testen, nehmen Sie ein Stück aus dem Trockner, lassen Sie es einige Minuten abkühlen, dann fühlen und biegen Sie es. Denken Sie daran, dass Lebensmittel sich warm weicher anfühlen, also testen Sie immer, nachdem es abgekühlt ist.

Übertrocknen ist besser als Untertrocknen, da Restfeuchtigkeit zu Verderb führen kann.

Reinigung und Lagerung

Entfernen Sie nach jedem Gebrauch alle Lebensmittelreste von den Tabletts und dem Inneren. Eine Bürste oder ein Tuch erledigt normalerweise den Trick.

Wenn die Tabletts sehr schmutzig sind, waschen Sie sie mit warmem Seifenwasser und trocknen Sie sie gründlich, bevor Sie sie lagern.

Lagern Sie den Trockner an einem sauberen, trockenen Ort, um Schimmel und Mehltau zu verhindern. Decken Sie ihn ab, um ihn vor Staub und Insekten zu schützen.

Häufige Probleme beheben

Ungleichmäßiges Trocknen: Wenn Sie feststellen, dass einige Stücke nicht so schnell trocknen wie andere, versuchen Sie, die Tabletts oder die Stücke auf den Tabletts neu anzuordnen, um eine gleichmäßigere Belichtung zu erreichen. Gleichmäßigkeit beim Schneiden hilft auch.

Zu langsam: Wenn das Trocknen zu langsam ist, versuchen Sie, den Winkel zu erhöhen oder den Trockner umzupositionieren, um mehr direktes Sonnenlicht einzufangen. Überprüfen Sie auch, ob die Lüftungsöffnungen frei sind und einen angemessenen Luftstrom ermöglichen.

Schimmel oder Verderb: Wenn Sie Schimmel oder Verderb bemerken, könnte dies ein Zeichen für unzureichendes Trocknen sein. Stellen Sie sicher, dass die Stücke vollständig getrocknet sind, bevor Sie sie lagern. Wenn das Problem weiterhin besteht, versuchen Sie, die Trockenzeit zu erhöhen oder die Stücke dünner zu schneiden, um den Prozess zu beschleunigen.

Denken Sie daran, jedes Klima und jeder Trockner ist anders. Was einen Tag perfekt funktioniert, muss am nächsten vielleicht angepasst werden. Führen Sie ein Protokoll Ihrer Prozesse und Ergebnisse, um Ihre Technik im Laufe der Zeit zu verfeinern.

EIN LEBEN ABSEITS DES STROMNETZES ANNEH-MEN

In diesem Buch haben wir eine Vielzahl von nachhaltigen Tipps erkundet, von der Wasseraufbereitung bis hin zur Erstellung eines natürlichen Kühlschranks. Diese Methoden zeigen, dass ein nachhaltiges Leben innovativ, praktisch und oft ziemlich einfach sein kann.

Das Tolle daran, einen Lebensstil abseits des Stromnetzes anzunehmen, ist der Ripple-Effekt, den kleine Veränderungen haben können. Der Wechsel zu DIY-Dörrgeräten oder die Verwendung natürlicher Reinigungsmittel mag trivial erscheinen, trägt jedoch zu erheblichen Energieeinsparungen und einer Reduzierung von Abfällen bei. Jede Aktion ist ein Schritt in Richtung einer nachhaltigeren Zukunft.

Dieses Buch ist nur der Anfang Ihrer Reise zu einem nachhaltigen Leben. Es gibt eine Fülle von Wissen zu entdecken und neue Praktiken zu übernehmen. Der Bereich des Lebens abseits des Stromnetzes ist voller Möglichkeiten für kontinuierliches Lernen und Innovation. Bleiben Sie neugierig und offen für neue nachhaltige Praktiken.

Off-Grid-Hacks in Ihr Leben zu integrieren, geht über das bloße Überleben oder Sparsamkeit hinaus; Es geht darum, bewusste Entscheidungen zu treffen, die mit Ihren Werten übereinstimmen, und Freude an der Einfachheit Ihrer Handlungen zu finden. Ob Sie in einer ländlichen Gegend leben und den vollen Off-Grid-Lebensstil umarmen oder in einem städtischen Umfeld, das nachhaltige Lebensweisen integriert, jeder Einsatz zählt.

Vielen Dank für das Lesen dieses Buches. Möge es der Anfang und nicht das Ende Ihrer Reise zur Selbstversorgung sein.

TEILEN SIE IHRE GEDAN-KEN

Während Sie sich dem Ende dieses Buches nähern, hoffen wir, dass es Ihnen wertvolle Informationen und Strategien für Ihre Reise in ein autarkes Leben ohne Stromnetz bieten konnte. Es wäre uns eine große Ehre, Ihre Gedanken dazu zu erfahren.

Bitte erwägen Sie, eine ehrliche Bewertung dieses Buches im Geschäft, in dem Sie es gekauft haben, zu hinterlassen. Ihr Feedback ist nicht nur für uns enorm wichtig, sondern auch für andere Leserinnen und Leser, die an einem selbstversorgenden Lebensstil interessiert sind. Ob es sich um eine Erkenntnis handelt, die Sie als nützlich empfunden haben, eine Geschichte, die Sie teilen möchten, oder Vorschläge für zukünftige Ausgaben – Ihre Meinung zählt.

Vielen Dank, dass Sie sich für dieses Buch entschieden haben und sich die Zeit nehmen, uns zu helfen, uns zu verbessern. Ihre Unterstützung wird sehr geschätzt!